詳解
働き方改革法の実務対応

時間外労働・割増賃金・年休・非正規社員待遇等の改正

一般財団法人 清心内海塾理事／羽田タートルサービス(株)本社審議役
布施直春【著】
NAOHARU FUSE

中央経済社

は じ め に

―成立した働き方改革関連法（労働基準法など８法の改正）の全体像―

１）「働き方改革関連法」が本年（2018年）６月に成立しました。

　本書は，この「働き方改革関連法」に各企業がどのように対応したらよいか
を記述した実務書です。

　この法律の全体像は，次のとおりです。

【働き方改革を推進するための関係法律の整備に関する法律の全体像】

１．働き方改革の総合的かつ継続的な推進

　働き方改革に係る基本的考え方を明らかにするとともに，国は，改革を総合的
かつ継続的に推進するための「基本方針」（閣議決定）を定めることとする。（雇
用対策法）

２．長時間労働の是正，多様で柔軟な働き方の実現等

(1)　労働時間に関する制度の見直し（労働基準法）

● 時間外労働の上限について，月45時間，年360時間を原則とし，臨時的な特別な
　事情がある場合でも年720時間，単月100時間未満（休日労働を含む），複数月平
　均80時間（休日労働を含む）を限度に設定。

　※自動車運転業務，建設事業，医師等について，猶予期間を設けた上で規制を
　　適用等の例外あり。研究開発業務について，医師の面接指導，代替休暇の付
　　与等の健康確保措置を設けた上で，時間外労働の上限規制は適用しない。

● 月60時間を超える時間外労働に係る割増賃金率（50％以上）について，中小企
　業への猶予措置を廃止する。また，使用者は，10日以上の年次有給休暇が付与
　される労働者に対し，５日について，毎年，時季を指定して与えなければなら
　ないこととする。

　高度プロフェッショナル制度の創設等を行う。（高度プロフェッショナル制度
における健康確保措置を強化）

● フレックスタイム制の清算期間の上限を「１カ月」から「３カ月」に延長。

(2)　勤務間インターバル制度の普及促進等（労働時間等設定改善法）

● 事業主は，前日の終業時刻と翌日の始業時刻の間に一定時間の休息の確保に努
　めなければならないこととする。

2　　はじめに

(3)　産業医・産業保健機能の強化（労働安全衛生法等）
● 事業者から，産業医に対しその業務を適切に行うために必要な情報を提供することとするなど，産業医・産業保健機能の強化を図る。

3．雇用形態にかかわらない公正な待遇の確保

(1)　不合理な待遇差を解消するための規定の整備（パートタイム労働法，労働契約法，労働者派遣法）
● 短時間・有期雇用労働者に関する正規雇用労働者との不合理な待遇の禁止に関し，個々の待遇ごとに，その待遇の性質・目的に照らして適切と認められる事情を考慮して判断されるべき旨を明確化。併せて，有期雇用労働者の均等待遇規定を整備。派遣労働者について，(a)派遣先の労働者との均等・均衡待遇，(b)一定の要件※を満たす労使協定による待遇のいずれかを確保することを義務化。また，これらの事項に関するガイドラインの根拠規定を整備。
　（※）同種業務の一般の労働者の平均的な賃金と同等以上の賃金であること等
(2)　労働者に対する待遇に関する説明義務の強化（パートタイム労働法，労働契約法，労働者派遣法）
● 短時間労働者・有期雇用労働者・派遣労働者について，正規雇用労働者との待遇差の内容・理由等に関する説明を義務化。
(3)　行政による履行確保措置及び裁判外紛争解決手続（行政 ADR）の整備
●(1)の義務や(2)の説明義務について，行政による履行確保措置及び行政 ADR を整備。

【施行期日】
上記1：公布日
上記2：平成31年（2019年）4月1日（2の(1)中小企業における割増賃金率の見直しは平成35年（2023年）4月1日）
上記3：平成32年（2020年）4月1日（中小企業におけるパートタイム労働法・労働契約法の改正規定の適用は平成33年（2021年）4月1日）

（資料出所）厚生労働省ホームページ

　なお，働き方改革関連法の成立により改正された法律とその問い合わせ先（担当労働行政機関）は，次のとおりです（掲載順）。

はじめに　3

【働き方改革関連法により改正された法律とその問い合わせ先〈担当労働行政機関〉】

働き方改革関連法により改正された法律	問い合わせ先（担当労働行政機関）
労働基準法，労働安全衛生法，じん肺法，労働時間等設定改善法，労働契約法	労基署，都道府県労働局労働基準部
パートタイム（短時間）労働法	都道府県労働局雇用環境・均等部（室）
労働者派遣法	都道府県労働局需給調整部
雇用対策法	都道府県労働局職業安定部

　施行日は，原則として，平成31年（2019年）4月1日です。

2）各企業としては，早めに自社の社員の労働時間，割増賃金等の管理についての対応策を講じることをおすすめします。

　この法律が施行されると，企業としては，新たに社員に，労働時間制限，割増賃金支払義務の規定が適用されない「高度プロフェッショナル制度」が利用できます。

　また，柔軟な働き方である「フレックスタイム制」が一層柔軟になり，利用しやすくなります。

　その際に，本書を役立てていただければ幸いです。

　本書では，これらの制度を導入する場合に必要になる就業規則，労使協定，労使委員会決議，労使委員会運営規程等のモデル例も掲載しています。

　おって，各企業におかれては，今後の法律の施行時までの間に作成，公布される政省令，通達等を確認したうえで，自社の対応策の詳細を決定していただくようお願いいたします。

3）おって，著者は現在，次の3つの活動を一体のものとして行っております。
① 主に，青少年，障害者，刑期終了者等の支援事業を行う「一般財団法人 清心内海塾」の事業企画の業務（理事）
② 日本各地の空港におけるグランド（地上）業務，自動車メーカー・運送業・流通センター・倉庫等における貨物取扱業を主に行っている「羽田タートルサービス（株）」における，労務管理の改善・労働法令の遵守の業務（本社審

議役）

③　障害者その他の労務管理・労働法令遵守についての図書執筆（既刊135冊）

　このことから，本書の表紙の著者名に上記①，②の所属組織名もあわせて表記した次第です。

平成30年6月

元長野・沖縄労働基準局長
瑞宝小綬章受章（平成28年11月3日）

布 施 直 春

目　　次

はじめに―成立した働き方改革関連法の全体像―

第1部　平成30年改正労働基準法等の改正内容と実務対応

第1章　平成30年改正労働基準法の改正内容
　　　　―時間外労働の罰則付き上限規制の導入 ………………2

Ⅰ　平成30年改正労働基準法等の概要 …………………………2

Ⅱ　改正後の労基法（労働時間・割増賃金制度）の全体像と
　　改正事項の位置付け ………………………………………4

Ⅲ　平成30年改正法の特色 ………………………………6

Ⅳ　時間外・休日労働の罰則付き上限規制 …………………6

Ⅴ　事業・業種による特例 …………………………………9

Ⅵ　時間外労働適正化指針の策定 …………………………10

Ⅶ　企業の対応時の留意点 ………………………………11

Ⅷ　施行期日 ………………………………………………11

第2章　改正労基法にもとづく時間外・休日・深夜労働の
　　　　具体的な取扱い …………………………………13

2　目　次

Ⅰ　時間外・休日・深夜労働についての法規制 ……………13

【1】時間外労働とは・13
　　1．時間外労働とは・13
　　2．1日における時間外労働と法内残業との違いは・14
　　3．1週間における時間外労働と法内残業とは・14
　　4．時間外労働になるか否かの判断基準は・14
　　5．時間外労働と法内残業との取扱いの異なる点, 同じ点は・15
　　6．「残業の黙示の指示」「残業禁止命令」とは・17

【2】休日・深夜労働とは・18
　　1．休日労働とは・18
　　2．深夜労働とは・19

【3】時間外・休日・深夜労働に関する法規制の内容・20
　　1．時間外・休日・深夜労働に関する法規制の内容は・20

【4】時間外・休日労働協定とは・21
　　1．時間外・休日労働協定（36協定）とは・21
　　2．36協定で定める事項は・21
　　3．労使協定の締結単位・当事者は・21
　　4．36協定の有効期間は・22
　　5．36協定の労基署長への届出は・22
　　6．36協定の効力は・22
　　　　【規定例1】時間外労働・休日労働に関する協定届の記載例
　　　　　　　　　　（現行法）・24

【5】時間外労働の時間数の原則的な制限は・25
　　1．現行法の取扱い・25
　　2．法改正後の取扱い・26

【6】時間外・休日労働協定の「特別条項」とは・27
　　1．現行法の取扱い・27
　　2．法改正後の取扱い・28

【7】有害業務についての時間外・休日労働の時間制限は・29

【8】育児・家族介護を行う労働者についての就業制限の
　　あらましは・30

【9】就業制限違反事業主の取扱いは・31

目　次　**3**

　【10】育児・家族介護を行う労働者の時間外・休日・深夜労働の
　　　　制限は・32
　　　　1．法規制のあらましは・32
　　　　2．育児・家族介護を行う男女労働者の時間外労働の制限は・32
　　　　3．育児・家族介護を行う男女労働者の深夜労働の禁止は・34

Ⅱ　使用者の時間外・休日・深夜労働命令の根拠 ……………………………37

　【1】時間外・休日・深夜労働命令の根拠・命令拒否者に対する
　　　　懲戒処分は・37
　　　　1．従業員に対する時間外・休日・深夜労働命令の
　　　　　　根拠規定は・37
　　　　2．時間外・休日労働には36協定が必要とは・37
　　　　3．従業員の時間外・休日・深夜労働拒否の正当理由とは・38
　　　　4．時間外・休日・深夜労働命令拒否従業員に対する
　　　　　　懲戒処分は・38
　【2】時間外・休日・深夜労働に関する就業規則の規定例は・39
　　　　　【規定例2】就業規則の規定例・40

第3章　中小企業に対する時間外労働（1カ月60時間超）
　　　　の割増賃金率の引上げ（労基法）………………………………41

Ⅰ　平成30年改正法規定の内容 ……………………………………………………41

　【1】中小企業に対する時間外労働（1カ月60時間超）の
　　　　割増賃金率の引上げ・41
　　　　1．平成30年改正法規定のポイントは・41
　　　　2．現行法では中小事業主への適用を猶予・41
　　　　3．平成30年改正労基法は中小企業の適用猶予を廃止・42

Ⅱ　平成30年労基法改正後の割増賃金の割増率，計算方法 ………………42

　【1】平成30年改正労基法施行後の割増賃金の率，計算方法・42
　　　　1．時間外・休日労働の割増賃金とは・42
　　　　2．深夜労働の割増賃金とは・44
　　　　3．時間外・休日労働が深夜労働と重複する場合の取扱いは・44

4　目　次

　　　　4．割増賃金支払いの注意点は・44
　　【2】割増賃金の計算の手順は・45
　　【3】月給制の場合の割増賃金の計算方法は・47
　　【4】年俸制の場合の割増賃金の計算方法は・48
　　　　1．割増賃金の取扱いは・48
　　　　2．割増賃金の計算のしかたは・49

Ⅲ　割増賃金計算の基礎となる通常賃金，除外賃金 ……………………49

　　【1】割増賃金計算の基礎となる通常賃金とは・49
　　　　1．計算の基礎は通常賃金・49
　　　　2．通常賃金とは何か・50
　　【2】除外賃金（割増賃金の計算基礎から除外される賃金）の
　　　　判断基準は・51
　　　　1．ポイントは・51
　　　　2．除外賃金を設ける目的は・51
　　　　3．除外賃金の具体的な判断基準は・52

第4章　年5日の年次有給休暇についての使用者の
　　　　時季指定の義務付け（労基法）……………………56

Ⅰ　平成30年改正法規定の内容
　　―1年5日の年休について使用者の時季指定の義務付けとは …………56

　　　　1．平成30年改正法規定のポイントは・56
　　　　2．使用者の年休時季指定権新設のねらいは・57
　　　　3．労基法改正による使用者の年休時季指定権とは・57

Ⅱ　労基法改正に対応した年休に関する就業規則の規定例 …………………58

　　　　【規定例3】就業規則の年次有給休暇に関する規定例・58

Ⅲ　年次有給休暇の取得要件，日数 …………………………………59

　　【1】年次有給休暇の取得要件，取得日数は・59
　　　　1．年次有給休暇の取得要件は・59
　　　　2．年休の付与日数は・60

目　次　**5**

【2】年休の取得要件である「継続勤務期間」とは・61

【3】「全労働日の8割以上の出勤」とは・62

【4】使用者の年休付与の時季変更権とは・63

【5】当日朝の年休請求，欠勤の年休振替えは
　　　認められるか・64

Ⅳ　年休の計画的付与・時間単位付与制度 ……………………65

【1】年休の計画的付与とは・65

　　1．年休の計画的付与とは・65

　　2．年休の計画的付与のいろいろな方式・65

【2】年休の計画的付与の手続きは・66

　　1．労使協定の結び方は・66

　　2．労使協定のモデル例は・67

　　　【規定例4】年次有給休暇の計画的付与に関する労使協定例
　　　　　　　　（一斉付与方式）・67

　　　【規定例5】年次有給休暇の計画的付与に関する労使協定例
　　　　　　　　（グループ別付与方式）・68

　　　【規定例6】年次有給休暇の計画的付与に関する労使協定例
　　　　　　　　（個人別付与方式）・69

　　3．就業規則のモデル例は・70

　　　【規定例7】年次有給休暇の計画的付与に関する就業規則の規定
　　　　　　　　例・70

【3】年5日を超える年休がない従業員の一斉付与時の
　　　取扱いは・70

【4】年休の時間単位付与とその手続きは・71

　　1．年休の時間単位付与とは・71

　　2．年休の時間単位付与に関する労使協定例は・71

　　　【規定例8】年次有給休暇の時間単位付与に関する労使協定
　　　　　　　　（例）・72

　　3．年休の時間単位付与に関する就業規則例は・72

　　　【規定例9】年次有給休暇に関する就業規則の規定例・73

Ⅴ　年休付与の運用ポイント ………………………………………73

6　目　次

【1】新規学卒採用者の年休先取りとは・73
【2】退職・解雇予定日までの年休の取得等は・75
　　1．退職・解雇予定日までの年休の取得は・75
　　2．年休の買い上げは認められるか・75
【3】会社の年休付与の運用ポイントは・75

第5章　高度プロフェッショナル制度の創設（労基法・安衛法）················78

Ⅰ　高度プロフェッショナル制度（特定高度専門業務・成果型労働制）とは ·················78

【1】創設された高度プロフェッショナル制度（特定高度専門業務・成果型労働制）のあらましは・78
【2】高度プロフェッショナル制度創設のねらいは・79
【3】高度プロフェッショナル制度の実施要件は・79
　　1．高度プロフェッショナル制度の実施要件は・79
　　2．制度導入時の労使委員会決議とは・80
　　3．高度プロ制度導入のための労使委員会決議事項は・80
　　4．労基署への届出・報告義務は・84

Ⅱ　高度プロ社員に対する労働時間・割増賃金支払義務等の法規定の適用除外は ·················84

　　1．高度プロフェッショナル制度で適用除外になる労基法の規定は・84
　　2．管理監督者等と高度プロ社員との適用除外規定の範囲の違いは・85

Ⅲ　長時間労働の高度プロ社員に対する面接指導の義務付け（安衛法）·················86

Ⅳ　高度プロ制度実施のための就業規則，労使委員会決議のモデル例 ·················87

【1】高度プロ制度実施のための就業規則例は・87

目　次　**7**

　　　　【規定例10】高度プロ制度についての就業規則例（試案）・87
　【2】高度プロ制度実施のための労使委員会決議と
　　　　そのモデル例は・88
　　　1．労使委員会の決議が必要な事項は・88
　　　2．労使委員会議事録の作成，保存，周知義務は・88
　　　　【規定例11】労使委員会決議例（試案）－高度プロフェッショナル
　　　　　　　　　　制度の導入時・89
　　　　【規定例12】労使委員会運営規程例（試案）・92

Ⅴ　高度プロフェッショナル制度についての国会審議における論点 …94

第6章　企画業務型裁量労働制の対象業務の拡大（労基法：平成30年改正法案から削除） …95

Ⅰ　改正法規定（案要綱）の内容 …95

　【1】現行法のみなし労働時間制とは何か，対象業務は・95
　　　1．みなし労働時間制とは何か・95
　　　2．みなし労働時間制の適用業務は・96
　　　3．みなし労働時間制導入時の留意点・96
　【2】現行法の企画業務みなし制（企画業務型裁量労働制）とは
　　　　何か，対象業務は・97
　　　1．企画業務みなし制とは・97
　　　2．企画業務みなし制の対象業務の要件は・97
　【3】労基法改正（案要綱）による対象業務の拡大・98
　　　1．労基法改正（案要綱）のポイントは・98
　　　2．新たに2つの業務（類型）を追加・99
　　　3．新たな「健康・福祉確保措置」を追加し，省令に規定・100
　　　4．従業員の始業・終業時刻の決定の裁量を明確化・101

Ⅱ　現行法の企画業務型裁量労働制の実施手順 …101

　【1】企画業務型裁量労働制の実施手順は・101
　【2】企画業務型裁量労働制の実施手続き－労使委員会決議と
　　　　そのモデル例は・102

8　目　次

　　　１．労使委員会の決議が必要な事項は・102
　　　２．労使委員会議事録の作成，保存，周知は・102
　　　【規定例13】労使委員会決議のモデル例（試案）
　　　　　　　　　　―企画業務型裁量労働制の導入・103
　　　【規定例14】労使委員会の運営規程例（試案）・106
　　　【規定例15】企画業務型裁量労働制に関する決議届の記載例
　　　　　　　　　　（現行法）・108
　　　【規定例16】企画業務型裁量労働制に関する報告記載例
　　　　　　　　　　（現行法）・109

第7章　フレックスタイム制の清算期間上限の「１カ月」から「３カ月」への延長等（労基法）……………110

Ⅰ　平成30年改正法規定の内容 ………………………………………110

　【１】改正フレックスタイム制とは，適する業務は・110
　　　１．フレックスタイム制とは・110
　　　２．フレックスタイム制に適する部門・業務は・111
　　　３．コアタイムとフレキシブルタイム・112
　　　４．フレックスタイム制が適さない部門・112
　【２】フレックスタイム制についての法改正のポイントは・112
　【３】フレックスタイム制についての具体的な法改正の
　　　内容は・113
　　　１．清算期間の上限の「１カ月」から「３カ月」への延長と
　　　　　労使協定の労基署長への届出・114
　　　２．１週平均50時間を超えた場合の時間外労働割増賃金
　　　　　支払義務・114

Ⅱ　改正フレックスタイム制度の作り方……………………………117

　【１】フレックスタイム制度の作り方は・117
　　　１．就業規則の定め方は・117
　　　２．労使協定の定め方は・117

Ⅲ　改正フレックスタイム制の就業規則，労使協定のモデル例 ………119

目　次　**9**

【1】改正法規定にマッチする就業規則例・119
　　　【規定例17】フレックスタイム制に関する就業規則例（試案）
　　　　　（清算期間3カ月の場合）・120
【2】改正法規定にマッチする労使協定例は・122
　　　【規定例18】フレックスタイム制についての労使協定例（試案）
　　　　　（清算期間を3カ月にする場合）・123

Ⅳ　**改正フレックスタイム制における時間外労働時間,**
勤務管理 ………………………………………………………………125

【1】改正フレックスタイム制で時間外労働となる時間は・125
　　1．時間外労働となる時間は・125
　　2．時間外・休日労働協定は・125
　　3．実労働時間が契約時間を超えた場合, 不足した場合の
　　　処理は・125
【2】フレックスタイム制での欠勤, 休憩時間, 深夜労働の
　　取扱いは・128
　　1．欠勤・遅刻の取扱いは・128
　　2．休憩時間の取扱いは・129
　　3．深夜労働の取扱いは・129

第8章　労働時間等設定改善法の改正 ………………………130

Ⅰ　**平成30年労働時間等設定改善法改正の内容** ………………………130

【1】平成30年労働時間等設定改善法改正のポイントは・130
【2】事業主の勤務間インターバル制度導入の努力義務規定・131
【3】現行の「労働時間等の設定の改善に関する特別措置法」の
　　主な規定内容は—時間外・休日労働協定, 就業規則の
　　本社一括届出・131
【4】「労働時間等の設定の改善に関する特別措置法」の
　　改正内容は・132
　　1．定義の変更は・132
　　2．企業委員会決議により労使協定に代えることができる・132
【5】労働時間等設定改善法改正のメリットは・133

10　目　次

Ⅱ　現行労基法等での労使協定の締結・届出・保管の義務，効力 ……134

【1】現行労基法での労使協定の取扱いは・134

1．労使協定とは・134

2．その実施に労使協定の締結が必要な事項は・134

3．労使協定締結の手続き等は・135

4．労使協定と就業規則の違いは・138

第9章　労働安全衛生法の改正 ……………………………139

Ⅰ　法改正のあらまし ……………………………………………139

Ⅱ　面接指導制度の改正 …………………………………………140

1．時間外労働が月100時間を超えた場合が面接指導の対象に・140

Ⅲ　産業医・産業保健機能の強化
　　―産業医の勧告内容を衛生委員会に報告― ………………141

第10章　雇用対策法の改正 …………………………………142

第2部　改正労基法による労働時間管理の実務

第1章　労働時間・休憩時間・休日の実務 ………………144

Ⅰ　労働時間の適正把握のための新ガイドライン
　　―労働時間の定義を明確に示し自己申告制に係る措置を追加― ……………144

Ⅱ　法定労働時間（労働時間の限度）………………………………154

【1】1週40時間・1日8時間労働の原則とは・154

1．1週あたりの法定労働時間は・154

2．1日あたりの法定労働時間は・155

3．時間外労働についての割増賃金支払義務は・156
【2】法定労働時間の特例（変形制・みなし制等）とは・156
【3】労働時間の8つのハードルとは・156
【4】いわゆる過労死，過労自殺の問題とは・157
　　1．労働者の死をまねく過重な業務負担・157
　　2．いわゆる過労自殺の認定はまだまだ厳しい・158
【5】平成22年4月施行の改正労基法の改正ポイントは・159
　　1．ポイントは・159
　　2．労基法改正の目的は・159
　　3．時間外労働の割増賃金率のアップとは・159
　　4．割増賃金率引上げの努力義務とは・159
　　5．年次有給休暇を時間単位で与えることもできる
　　　というのは・160

Ⅲ　労働時間の範囲 ……………………………………………163

【1】拘束時間とは・163
　　1．拘束時間とは・163
　　2．拘束時間の内訳は・163
【2】労働時間（実労働時間）とは・164
　　1．労働時間（実労働時間）とは，使用者の指揮監督下にある時
　　　間・164
　　2．労働時間に含まれる時間は・164
【3】法定労働時間，所定労働時間，契約労働時間，実労働時間の
　　違いは・165
　　1．法定労働時間とは・165
　　2．所定労働時間とは・165
　　3．契約労働日，契約労働時間とは・166
　　4．実労働時間とは・166
【4】実労働時間の起算点は・166
【5】「研修」「着替え」「移動」の時間は労働時間か・167
　　1．教育・研修・会合の受講時間は・167
　　2．健康診断の受診時間は・167
　　3．作業服・制服の更衣，朝礼などの準備時間は・168

12 　目　次

　　　4．通勤・移動時間は・168
　　　5．入浴時間は・168
　　　6．接待飲食・ゴルフコンペ等の時間は・168
　【6】手待時間と休憩時間の違いは・169
　【7】仮眠時間の取扱いは・169
　【8】労働時間の通算とは・170
　　　1．労基法の取扱いは・170
　　　2．兼業も含む・170
　　　3．適用される法規定は・170
　　　4．対応義務はどちらの事業場か・170

Ⅳ　休憩時間 ……………………………………………………171

　【1】休憩時間を与える義務とは・171
　　　1．労基法の規定内容は・171
　　　2．休憩時間の与え方は・171
　　　3．休憩時間付与義務の適用除外とは・172
　　　4．休憩時間についての賃金支払義務は・172
　【2】「休憩時間は1日に3時間」は認められるか・173
　【3】休憩時間の一斉付与の原則とは・174
　　　1．休憩時間の一斉付与の原則とは・174
　　　2．交替休憩が認められる場合は・174
　　　3．交替休憩制に関する労使協定とは・175
　　　　【規定例19】労使協定のモデル例（一斉休憩の適用除外）・175
　【4】休憩時間の自由利用の原則とは・176
　　　1．休憩時間の自由利用の原則とは・176
　　　2．自由利用の原則の例外は・176
　【5】休憩時間中の電話対応の取扱いは・176

Ⅴ　休　日………………………………………………………177

　【1】休日を与える義務とは・177
　　　1．週休制の原則とは・177
　　　2．4週4休制とは・178
　　　3．休日を与えなくてよい者は・178

目　次　13

【2】暦日休日制とは・179

　　1．暦日休日制の原則とは・179

　　2．暦日休日制の例外は・180

【3】法定休日と法定外休日の違いは・181

　　1．法定休日と法定外休日の違いは・181

　　2．法定休日に労働させてもよい場合は・182

【4】週休1日制は労基法違反か・183

【5】「休日の振替え」と「代休の付与」の違いは・183

　　1．振替休日とその要件は・183

　　2．「休日の振替え」の要件は・184

　　3．「代休の付与」とは・185

　　4．「休日の振替え」と「代休の付与」の違いは・185

【6】「休日の振替え」と「代休の付与」に関する就業規則の
　　規定例は・186

　　　　【規定例20】「休日の振替え」と「代休の付与」に関する就業規則

　　　　（例）・186

Ⅵ 法定の労働時間・休憩時間・休日・割増賃金の適用されない
管理監督者等 ……………………………………………………………187

【1】法定の労働時間・休憩時間・休日・割増賃金の
　　適用除外とは・187

　　1．適用除外される者は・187

　　2．適用除外の趣旨は・187

　　3．適用される法規定は・188

【2】労基法41条にいう「管理監督者」とは・188

　　1．労基法でいう管理監督者には法定労働時間・割増賃金等が
　　　不適用・188

　　2．労基法でいう管理監督者の判断の考え方は・189

　　3．厚生労働省通達の全体像は・189

　　4．労基法でいう［管理監督者］の判断基準は・189

　　5．金融機関の管理監督者の範囲に関する通達は・190

　　6．チェーン店通達における管理監督者の範囲は・191

【3】管理監督者の範囲についての裁判例の判断基準は・193

14　目　次

【4】通達と判例の拘束力の違いは・194
　　1．通達とは・194
　　2．裁判例（判例）とは・194
【5】名ばかり管理職とは・194
　　1．名ばかり管理職とは・194
　　2．労基法41条にいう管理監督者とは・195
　　3．会社でいう管理監督者がすべて労基法41条にいう管理監督者
　　　に該当するわけではない・196
【6】管理職手当の改善方法は・196
　　1．労基署の臨検監督への対応方法は・196
　　2．裁判例への対応方法は・197
【7】機密事務取扱者，監視・断続的労働従事者とは・197
　　1．機密事務取扱者とは・198
　　2．監視・継続的労働従事者とは・198

Ⅶ 年少者の就業制限 ……………………………………………………199

【1】年少者の就業制限とは・199
　　1．最低使用年齢は・199
　　2．修学児童の取扱いは・200
　　3．年少者の労働時間の特例とは・200
　　4．年少者の時間外・休日労働の禁止とは・200
　　5．年少者の深夜労働の禁止とは・201
【2】年少者の深夜労働の禁止とは・201

第2章　変形労働時間制の実務 ……………………………202

Ⅰ 変形労働時間制 …………………………………………………………202

【1】変形労働時間制とは・202
　　1．変形労働時間制とは・202
　　2．変形労働時間制のメリットは・203
　　3．変形労働時間制の種類とそれぞれの特色は・203
　　4．変形労働時間制の対象事業場は・203
　　5．変形労働時間制の対象労働者，配慮事項は・205

目　次　**15**

Ⅱ 1カ月変形制 ·· 205

【1】 1カ月変形制のあらまし・適する事業場は・205
　　1．1カ月変形制とは・205
　　2．1カ月変形制の枠組みは・205
　　3．1カ月変形制が適する事業場は・206
　　4．1カ月変形制は，1週間周期でも使える・206
【2】 1カ月変形制の実施手続きは・207
　　1．従業員10人以上の事業場の手続きは・207
　　2．従業員9人以下の事業場の手続きは・207
【3】 1カ月変形制の「勤務編成例1」は・208
　　　【規定例21】 1カ月変形制の就業規則のモデル例①・210
　　　【規定例22】 1カ月変形制の就業規則のモデル例②・210
【4】 1カ月変形制の「勤務編成例2」は・210
　　　【規定例23】 1カ月変形制の就業規則のモデル例③・211
【5】 1カ月変形制の「勤務編成例3」は・211
　　　【規定例24】 1カ月変形制の就業規則のモデル例④・214
【6】 1カ月変形制の「勤務編成例4」は・214
　　　【規定例25】 1カ月変形制の就業規則のモデル例⑤・215
【7】 1カ月変形制で時間外労働割増賃金が必要な時間は・215
　　1．1カ月変形制の労働時間の規制は・215
　　2．時間外労働割増賃金支払いが必要な時間は・216

Ⅲ 1年変形制 ·· 216

【1】 1年変形制のあらまし，適する事業場は・216
　　1．1年変形制とは・216
　　2．1年変形制の具体的な枠組みは・217
　　3．1年変形制の活用のしかたは・218
　　4．対象期間における総労働時間の限度は・218
【2】 1年変形制の実施手続きは・219
　　1．就業規則で定める事項は（従業員10人以上の制度実施
　　　事業場のみ）・219
　　2．労使協定で定める事項は（すべての制度実施事業場）・219

16　目　次

【3】　1年変形制の柔軟性のある活用方法は・220

【4】　1年変形制の勤務時間編成例と就業規則・
労使協定例は・220

【規定例26】　1年変形制の就業規則のモデル例・221

【規定例27】　1年変形制の労使協定例・222

Ⅳ　1週間変形制 ……………………………………………………………223

【1】　1週間変形制のあらまし，適する事業場は・223

1．1週間変形制とは・223

2．1週間変形制の枠組みは・224

3．対象事業場の限定は・224

4．時間外労働となる時間は・224

【2】　1週間変形制の実施手続き，時間編成例，労使協定届の
文例は・225

1．1週間変形制の実施手続きは・225

2．1週間変形制による勤務時間編成例と届出文例は・225

【規定例28】　1週間変形制に関する労使協定届出の様式記載例・226

第3章　事業場外労働みなし制・専門業務みなし制の実務 ……227

Ⅰ　事業場外労働みなし制 ………………………………………………227

【1】　事業場外労働みなし制とは・227

1．事業場外労働みなし制とは・227

2．労働時間の扱い方は・228

3．事業場外労働みなし制の対象とならないケースは・228

【2】　事業場外労働みなし制の実施手続きは・229

1．事業場外労働みなし制を盛り込んだ就業規則例は・229

2．事業場外労働のみなし労働時間制導入に関する
労使協定例は・229

【規定例29】　就業規則のモデル例―事業場外労働のみなし労働時間
制・230

【規定例30】　事業場外みなし制に関する労使協定届の記載例・230

目　次　**17**

Ⅱ　専門業務みなし制 ………………………………………………………………………**231**

【1】　専門業務みなし制とは・231
1．専門業務みなし制とは・231
2．専門業務みなし制の対象業務は・231

【2】　専門業務みなし制の就業規則例は・232
【規定例31】就業規則のモデル例―専門業務型裁量労働制・232

【3】　専門業務みなし制の労使協定例は・232
1．労使協定の必要な事項は・232
2．専門業務みなし制に関する労使協定例は・233
【規定例32】労使協定のモデル例―専門業務型裁量労働制の
導入・233
【規定例33】労使協定届の記載例―専門業務型裁量労働制の
導入・236

第3部	平成30年パートタイム労働法・労働契約法・労働者派遣法の改正内容と実務対応 ―雇用形態にかかわらない公正な待遇の確保のために

Ⅰ　平成30年パート法・労契法・派遣法改正の全体像は ………………………**238**

1．ポイントは・238
2．労働者が待遇差について司法判断を求める際の根拠となる法規定の整備―派遣労働者は2つの改善方式の選択制・239
3．労働者に対する待遇に関する説明の義務化―説明を求めた場合の不利益取扱いは禁止・241
4．行政（都道府県労働局）による裁判外紛争解決手続の整備等・241

Ⅱ　非正規労働者の待遇改善の際のポイントは ………………………………**243**

1．ポイントは・243
2．パート法・労契法・派遣法改正の趣旨は・243

18　目　次

　　　3．企業の対応策のポイントは・243

Ⅲ　「パートの均衡待遇に関する措置全般（8〜12条）」の
　　拡大適用とは ……………………………………………………………244

　　　1．ポイントは・244
　　　2．均衡待遇の措置とは・244
　　　3．実施義務・配慮義務規定というのは・245
　　　4．努力義務規定というのは・246
　　　5．事業主に実施義務規定を守らせるための手段は・246
　　　6．実施義務規定に違反した事業主に対する損害賠償請求は・246

Ⅳ　「パートの待遇の原則（8条）」の拡大適用とは ……………………246

　　　1．ポイントは・246
　　　2．現行パート労働法8条の規定内容は・247
　　　3．前記2のモデルとなった労働契約法の規定は・247
　　　4．待遇とは・247
　　　5．不合理か否かの判断のしかたは・248
　　　6．現行パート労働法8条の民事的効力―仮に，正社員等との待
　　　　遇の相違が不合理だと判断された場合は，どうなるのか・248
　　　7．改正法8条の規定内容・248
　　　8．改正法施行後は基本的に個別判断方式によることを
　　　　明確化・249
　　　9．企業の留意点―個別案件ごとに丁寧に判断していく・249

Ⅴ　「通常労働者（正社員等）並みパート」の差別禁止（9条）
　　の拡大適用とは ………………………………………………………250

　　　1．ポイントは・250
　　　2．現行パート労働法9条の規定内容は・250
　　　3．9条の「正社員並みパート」とは・250
　　　4．「職務内容が同一」であるというのは・251
　　　5．「人材活用の仕組み，運用等が同一」であるというのは・251
　　　6．すべての待遇で差別的取扱いが禁止される・252

目　次　**19**

7．同様に取り扱った結果，勤務成績等の合理的理由により差異
が生じる場合はOK・252

8．通勤手当，家族手当は同一が原則・253

9．福利厚生，教育訓練の実施も同一に・253

10．差別禁止規定の民事上の効力（損害賠償請求等）は・253

11．改正法9条の規定内容・254

Ⅵ　「通常労働者（正社員等）と職務内容同一パートとのバランスの
確保（10～12条）」の拡大適用とは ……………………………254

1．ポイントは・254

2．現行パート労働法10条～12条の規定内容は・254

Ⅶ　「パート雇入れ時の事業主の説明義務（14条）」の拡大適用とは…255

1．ポイントは・255

2．現行パート労働法14条の規定内容は・256

◆凡　例

本書で使用している主な略語は，以下の通りです。

　安衛法………労働安全衛生法

　育介法………育児介護休業法（育児休業，介護休業等育児又は家族介護を行う労
　　　　　　　働者の福祉に関する法律）

　高年法………高年齢者雇用安定法（高年齢者等の雇用の安定等に関する法律）

　パート………パートタイム労働者（短時間労働者）

　パート法……パートタイム労働法（短時間労働者の雇用管理等の改善に関する法
　　　　　　　律）

　パート・有期雇用労働者法……短時間労働者及び有期雇用労働者の雇用管理の改
　　　　　　　善等に関する法律

　派遣法………労働者派遣法（労働者派遣事業の適正な運営の確保及び派遣労働者
　　　　　　　の保護等に関する法律）

　労基法………労働基準法

　労基則………労働基準法施行規則

　労契法………労働契約法

　労災保険法…労働者災害補償保険法

　労働時間等設定改善法……労働時間等の設定の改善に関する特別措置法

　省令…………厚生労働省令

　告示…………厚生労働大臣告示

　年休…………年次有給休暇

　フレックス制…フレックスタイム制

　変形制………変形労働時間制

　みなし制……みなし労働時間制

　労基署（長）………労働基準監督署（長）

※ご利用に当たっての注意

　本書掲載の就業規則，労使協定等の規定例のご利用については，下記事項に留意のうえご使用ください。

◆これらの就業規則，労使協定等の規定例は，書籍購入者の理解を深めるため皆様のお役に立てばと思い作成しておりますが，皆様の責任のもとでご活用下さい。

　これらの就業規則，労使協定等の規定例をご利用することで生じた，如何なる損害に対しても，筆者及び㈱中央経済社が補償することはありません。あらかじめご了承ください。

第1部

平成30年改正労働基準法等の改正内容と実務対応

2　第1部　平成30年改正労働基準法等の改正内容と実務対応

第1章
平成30年改正労働基準法の改正内容
─時間外労働の罰則付き上限規制の導入

【目　次】
- Ⅰ　平成30年改正労基法の概要
- Ⅱ　改正後の労基法（労働時間・割増賃金制度）の全体像と改正事項の位置付け
- Ⅲ　平成30年法改正の特色
- Ⅳ　時間外・休日労働の罰則付き上限規制
- Ⅴ　事業・業種による特例
- Ⅵ　時間外労働適正化指針の策定
- Ⅶ　企業の対応時の留意点
- Ⅷ　施行期日

Ⅰ　平成30年改正労基法の概要

　働き方改革法のうちの平成30年労基法改正の目的と改正内容は，図表1−1のとおりです。

　改正労基法の施行期日は，図表1−1のⅠの(2)（中小企業における月60時間超の時間外労働に対する割増賃金の見直し）については，平成35年（2023年）4月1日，その他の事項については平成31年（2019年）4月1日です。

第1章　平成30年改正労働基準法の改正内容　**3**

【図表1－1】働き方改革法による労働基準法改正の概要

長時間労働を抑制するとともに，労働者が，その健康を確保しつつ，創造的な能力を発揮しながら効率的に働くことができる環境を整備するため，労働時間制度の見直しを行う等所要の改正を行う。

Ⅰ　長時間労働抑制策・年次有給休暇取得促進策等

(1)　**時間外労働の罰則付き上限規制**
- 週40時間を超えて労働可能となる時間外労働の限度を，原則として，月45時間，かつ，年360時間とする。特例として，単月100時間（休日労働を含む）未満，複数月（2～6カ月）平均で80時間（同）以内，かつ，年720時間以内とする。これらの違反には罰則を科す。

(2)　**中小企業における月60時間超の時間外労働に対する割増賃金の見直し**
- 月60時間を超える時間外労働に係る割増賃金率（50％以上）について，中小企業への猶予措置を廃止する（4年後実施）。

(3)　**年5日の年次有給休暇の確実な取得**
- 使用者は，10日以上の年次有給休暇が付与される労働者に対し，5日について，毎年，時季を指定して与えなければならないこととする（労働者の時季指定や計画的付与により取得された年次有給休暇の日数分については指定の必要はない）。

Ⅱ　多様で柔軟な働き方の実現

(1)　**フレックスタイム制の見直し**
- フレックスタイム制の「清算期間」の上限を「1カ月」から「3カ月」に延長する。

(2)　**特定高度専門業務・成果型労働制（高度プロフェッショナル制度）の創設**
- 職務の範囲が明確で一定の年収（少なくとも1,075万円以上）を有する労働者が，高度の専門的知識を必要とする等の業務に従事する場合に，健康確保措置等を講じること，本人の同意や委員会の決議等を要件として，労働時間，休日，深夜の割増賃金等の規定を適用除外とする。
- また，制度の対象者について，在社時間等が一定時間を超える場合には，事業主は，その者に必ず医師による面接指導を受けさせなければならないこととする（※労働安全衛生法の改正）。

施行期日：平成31年（2019年）4月1日（ただし，Ⅰの1(1)については，中小企業は平成32年（2020年）4月1日。また，Ⅰの(2)については平成35年（2023年）4月1日）。

Ⅱ 改正後の労基法（労働時間・割増賃金制度）の全体像と改正事項の位置付け

平成30年労基法改正後の労働時間・割増賃金制度の全体像と法改正事項の位置付けについては，図表1－2のとおりです。

【図表1－2】平成30年労基法改正後の労働時間・割増賃金制度の全体像と法改正事項の位置付け

（アンダーラインの部分が平成30年改正事項）

	制度・措置名	適用範囲，要件	規制内容
Ⅰ 原則	1日あたりの法定労働時間：8時間 1週あたりの法定労働時間：40時間（特例措置対象事業場：44時間）		
Ⅱ 変形労働時間制、フレックスタイム制による特例	1．1カ月変形制	① 労使協定，就業規則，書面のいずれかが必要 ② 請求のあった妊産婦（妊娠中・出産後1年以内の女性），年少者（満18歳未満の者）は除く	1カ月以内の変形期間（対象期間）を平均し，週40時間（特例事業場は44時間）を超えない範囲 ※1日，1週あたりの所定労働時間の上限なし
	2．1年変形制	① 就業規則と労使協定が必要 ② 一般職の地方公務員，請求のあった妊産婦，年少者は除く	① 1年以内の変形期間を平均し，週40時間以内 ② 1日10時間，週52時間が限度
	3．1週間変形制	① 労使協定が必要 ② 労働者数29人までの小売業，旅館，料理店，飲食店 ③ 請求のあった妊産婦，年少者は除く	週40時間，1日10時間が限度
	4．フレックスタイム制	一般職の地方公務員，年少者は除く	3カ月以内の清算期間を平均し，週40時間（特例事業場は44時間）以内 （清算期間を最長1カ月から3カ月に延長）

第1章　平成30年改正労働基準法の改正内容　　5

Ⅲ 業種・業務による特例	1．みなし労働時間制	① 専門業務型裁量労働制 ② 企画業務型裁量労働制 ③ 事業場外労働	実労働時間の算定に，みなし労働時間を適用できる
	2．労基法の労働時間等の規定の適用除外	(1) 次の各者が対象。年少者は除く ① 管理監督者，機密事務取扱者 ② 監視・継続的労働従事者で労基署長の許可を受けた者 ③ 農業，畜産・蚕産・水産業に従事する者	労働時間，休憩，休日，割増賃金に関する規定は適用除外 深夜労働割増は適用される
		(2) 高度プロフェッショナル制度 次の要件の者が対象 ① 年収1,075万円以上 ② 金融商品の開発・販売・分析の業務，コンサルタント業務従事者	労働時間，深夜労働，休憩，休日，割増賃金の規定はすべて適用除外（深夜労働割増も適用除外）
Ⅳ 年齢による特例	1．原則	満15歳の学年末までの者	就業禁止
		年少者（満18歳未満の者）	変形労働時間制，フレックスタイム制不可
	2．1日の労働時間の延長	年少者	週40時間を超えない範囲内で，1週間のうち1日を4時間以内に短縮した場合，他の日を10時間まで延長可
	3．7時間労働制	就学児童（満13歳以上）で，労基署長の許可を受けた場合	労働時間と修学時間を通算して週40時間，1日7時間まで
時間外労働の罰則付き上限	Ⅴ（三六協定に特別条項を設けた場合）	1．1カ月に100時間（休日労働者を含む）未満 2．2～6カ月間の平均で月80時間（休日労働を含む）以内 3．1年間で720時間（1カ月平均60時間）以内 4．特別条項の適用は，1年間のうち6カ月まで	

6 第1部 平成30年改正労働基準法等の改正内容と実務対応

Ⅵ 割増賃金の支払義務	1．時間外労働：25％以上の割増賃金 （1日8時間，週40時間超） ただし，1カ月60時間超の場合は，中小企業を除き50％以上の割増賃金 （平成35年（2023年）4月1日からは，中小企業も50％以上の割増賃金支払義務あり）
	2．休日労働：35％以上の割増賃金（法定休日（1週間に1日）の労働）
	3．深夜労働：25％以上の割増賃金（午後10時～翌日午前5時の労働）

Ⅲ 平成30年改正法の特色

　平成30年の改正法では，制度の対象範囲や使用者の義務の内容等のうちの多くを省令や指針で定めることとされています。

　したがって，これらの内容を決めたり，改正したりすることを，国会での審議や政府内各省庁間の協議を経ることなく，厚生労働省のみで決定できるのが特色です。

Ⅳ 時間外・休日労働の罰則付き上限規制

　図表1-3により，現行法と改正法とを比較しながら説明します。

1）法定労働時間（労働時間の限度）は，原則として，1日8時間，1週40時間です。これらは改正されません。

2）時間外・休日労働に関する労使協定（いわゆる36協定）を結んだ場合の原則的な時間外労働の上限は，月45時間，かつ，年間360時間です（図表1-4）。これらの点は，改正されません。

3）現行法では，臨時的な特別な事情がある場合には，あらかじめ36協定に特別条項を設けておけば，無制限に時間外労働を行わせることが認められていました。

第1章　平成30年改正労働基準法の改正内容　　**7**

【図表1－3】平成30年労基法改正―時間外・休日労働上限規制―の概要（31年4月施行）

（アンダーラインの部分が改正事項）

Ⅰ　項　目	Ⅱ　現行法の時間外・休日労働の上限規制		Ⅲ　改正法の時間外・休日労働の上限規制
①法定労働時間の上限	• 1日8時間 • 週40時間	労基法の規定 これ以上働かせるためには36協定が必要	現行法と同内容
②時間外労働の原則的上限（36協定を結んだ場合）	• 1カ月45時間 • 1年間360時間	時間外労働限度基準告示	• 規制内容は変わらず • 告示から労基法に格上げ
③時間外・休日労働の特例（36協定に特別条項を設けた場合）	• 延長時間の上限なし（青天井） • 上限超えは1年間に6カ月まで	36協定で「特別条項」を結べば可能	a　休日労働を含み，1カ月で100時間未満 b　休日労働を含み，2～6カ月平均で80時間以内 c　1年間で720時間（月平均60時間）以内 d　特別条項の適用は1年間に6カ月まで

【図表1－4】労基法の原則的な時間外労働の限度時間（平成10年12月28日労働省告示154号）

一定期間	一般労働者の限度時間	1年変形労働時間制の限度時間（対象期間が3カ月超の場合）
1週間	15時間	14時間
2週間	27	25
4週間	43	40
1カ月	45	42
2カ月	81	75
3カ月	120	110
1年間	360	320

4）改正法では，36協定に特別条項を設けても，

    a   1カ月に100時間（休日労働を含む）未満

    b   複数月（2カ月～6カ月）の平均で80時間（休日労働を含む）以内

    c   年間で720時間以内

    d   特別条項の適用は年間の半分を上回らないよう，6カ月を上限とすること

が限度となります。

5）なお，坑内労働その他省令で定める健康上特に有害な業務についての時間外労働の限度は，現行法と同じく，1日2時間までです。

6）改正法施行後の「36協定の特別条項」の文例は，次のとおりです。

「36協定の特別条項」の文例

> 　納期が集中し生産が間に合わない場合は，労使の協議を経て，1年間のうち2～6カ月間について，1カ月平均で80時間（休日労働時間を含む。）まで，かつ，6カ月間のうち特定の1カ月間について100時間（休日労働を含む。）未満まで，これを延長することができる。これに伴い，1年間の総時間外労働時間は，720時間まで延長することができる。

7）上記1）～5）についての労基法違反には罰則が科されます。また，上記1）～4）の要件を満たさない36協定は無効となり，労基法32条等違反に該当し，罰則の対象となります。

8）労災の過労死認定基準＝いわゆる「過労死ライン」との関係—使用者が労働者を改正法のうち図表1‐3のⅢ欄の③のa，bの時間を超えて労働させた場合には，いわゆる過労死ライン（労働災害（業務上疾病）の認定基準）に抵触することになります。

【図表1-5】時間外労働の罰則付き上限規制の導入

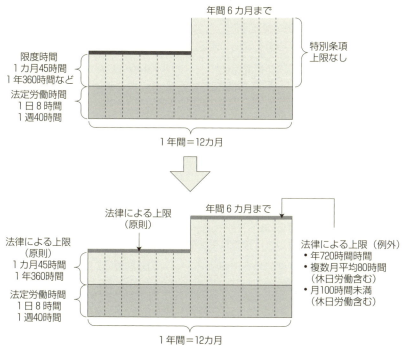

（資料出所）「働き方改革を推進するための関係法律の整備に関する法律案の概要」（厚生労働省）。

V　事業・業種による特例

　現行法（告示による限度基準）で特例が設けられている事業・業務等については，法改正後，図表1-6のような取扱いとなります。

10　第1部　平成30年改正労働基準法等の改正内容と実務対応

【図表1－6】改正労基法における時間外労働規制の特例

自動車運転の業務	改正法施行5年後に，時間外労働の上限規制を適用。上限時間は，年960時間とし，将来的に一般則の適用について引き続き検討する旨を附則に規定。
建設事業	改正法施行5年後に，一般則を適用（ただし，災害時における復旧・復興の事業については，1カ月100時間未満・複数月平均80時間以内の要件は適用しない。この点についても，将来的に一般則の適用について引き続き検討する旨を附則に規定）。 「建設事業」には，現場で働いている建設作業労働者だけでなく，建設会社で働いている営業，総務等すべての労働者が含まれる。
医師	改正法施行5年後に，時間外労働の上限規制を適用。 具体的な上限時間等は省令で定めることとし，医療界の参加による検討の場において，規制の具体的あり方，労働時間の短縮策等について検討し，結論を得る。 医師以外の検査技師，看護師等は適用除外にならない。
鹿児島県及び沖縄県における砂糖製造業	改正法施行5年間は，1カ月100時間未満・複数月80時間以内の要件は適用しない（改正法施行5年後（注）に，一般則を適用）。
新技術・新商品等の研究開発業務	医師の面接指導（※），代替休暇の付与等の健康確保措置を設けた上で，時間外労働の上限規制は適用しない。 ※時間外労働が一定時間を超える場合には，事業主は，その者に必ず医師による面接指導を受けさせなければならないこととする。（労働安全衛生法の改正）

（注）法案要綱では「3年」とされていたが，成立法では「5年」に修正されている。
（資料出所）「働き方改革を推進するための関係法律の整備に関する法律案の概要」（厚生労働省）を著者加筆

Ⅵ　時間外労働適正化指針の策定

　改正法では，労働時間の延長及び休日の労働を適正なものとするため，36協定で定める労働時間の延長及び休日の労働について留意すべき事項，その労働時間の延長に係る割増賃金の率その他の必要な事項について定める指針を策定することとしています。

第1章　平成30年改正労働基準法の改正内容　　11

　その指針には，36協定による労働時間の延長をできる限り短くするよう努め
なければならない旨及び休日の労働を可能な限り抑制するよう努めなければな
らない旨が定められる予定です。

　この指針について，2017年6月の労働政策審議会の建議では，36協定の必要
的記載事項として，原則の上限を超えて労働した労働者に講ずる健康確保措置
を定めなければならないことを省令に規定したうえで，その健康確保措置とし
て望ましい内容を指針に規定することとされています。

　また，改正法では，36協定の締結当事者（労使双方）は，その協定の内容が
指針に適合したものとなるようにしなければならないとし，行政官庁（労基署，
都道府県労働局）は，この指針に関し，締結当事者に必要な助言及び指導を行
うこととなります。

Ⅶ　企業の対応時の留意点

　これらの改正法規制の趣旨は，現行法の厚生労働大臣告示である「時間外労
働の限度基準」の内容を改正労基法の規定に格上げし，法違反に対して罰則を
科すものです。あくまでも月45時間，年間360時間が上限規制であって（図表1
－4），安易な上限値までの36協定締結を回避する努力が求められます。各企
業では，時間外労働を原則の範囲内に収める体制づくりが必要となります。

　また，現行法の限度基準を基礎とする上限時間には法定休日の労働時間を含
みませんが，前述Ⅳの4）のa，bの要件は，過重労働による健康障害のリス
ク軽減を図る労働時間の目安（過労死認定基準＝いわゆる「過労死ライン」）に
よるもので法定休日の労働時間も含まれ，「時間外労働時間」の捉え方に違いが
あります。そうなると，実務上，時間外と休日の労働時間の把握・管理が複雑
になり，注意が必要です。

Ⅷ　施行期日

　上記労基法改正の施行日は，平成31年（2019年）4月1日です。ただし，中
小企業（図表1－7）については，1年遅らせて，平成32年（2020年）4月1

12   第1部　平成30年改正労働基準法等の改正内容と実務対応

日です。

【図表1－7】中小企業に該当する範囲

業種	資本金の額または出資の総額	または	常時使用する労働者数
小売業	5,000万円以下	または	50人以下
サービス業	5,000万円以下	または	100人以下
卸売業	1億円以下	または	100人以下
その他	3億円以下	または	300人以下

　なお，労基法で定められている労働時間・休憩時間・休日に関する規制の全体像については，本書第2部を参照してください。

第2章
改正労基法にもとづく時間外・休日・深夜労働の具体的な取扱い

【目　次】
Ⅰ　時間外・休日・深夜労働についての法規制
Ⅱ　使用者の時間外・休日・深夜労働命令の根拠

Ⅰ　時間外・休日・深夜労働についての法規制

【1】　時間外労働とは

1．時間外労働とは

　労基法では，法定労働時間（実労働時間の限度）を1週間に40時間（特例措置対象事業場においては44時間），1日に8時間と決めています。

　この時間外労働の中には，休日労働（週1日の法定休日に労働させる時間）は含まれていません。

　さらに，変形労働時間制とみなし労働時間制による労働時間の特例を認めています。時間外労働とは，使用者が労働者に命令して，これらの労基法で定められた労働時間の限度を超えて働かせる時間のことです。

2. 1日における時間外労働と法内残業との違いは

　ある事業場のパートタイマー（短時間労働者）の所定労働時間（あらかじめ就業規則で決められている労働時間）が6時間であるとします（図表1-8のA参照）。1日の法定労働時間は8時間です。労働者が11時間働きました。労働者にとっての残業時間（所定労働時間を超えて働いた時間）は5時間です。しかし、これを労基法からみると、ⓐいわゆる法内残業2時間（所定労働時間（6時間）を超えて、法定労働時間（8時間）内で働いた時間）と、ⓑ時間外労働時間3時間（法定労働時間を超えて働いた時間）とに分かれます。

　労基法でいう「時間外労働」とは、ⓑの部分のことです。

　他方、図表1-8のBのケースでは、所定労働時間は法定労働時間と同じ8時間ですから、残業時間（所定労働時間を超えて働いた時間）は、すべて労基法上の時間外労働時間となります。

3. 1週間における時間外労働と法内残業とは

　ある事業場の週所定労働時間が38時間、1日の所定労働時間が7時間、週法定労働時間が40時間であるとします（図表1-9）。

　労働者に、土曜日に4時間の残業をさせた場合、法内残業は2時間、時間外労働は2時間となります。

4. 時間外労働になるか否かの判断基準は

　前記2、3で説明したことをまとめると、時間外労働になるか否かは次の基準で判断されます。
- 第1に、1日あたりの法定労働時間（8時間）を超えているか否か。
- 第2に、1週間あたりの法定労働時間（40時間）（特例措置対象事業場は44時間）を超えているか否か。

　これらの点については、所定労働時間と法内残業の合計時間で判断します。日々の時間外労働については、上述第1で判断されていますから、ここで除き

第2章 改正労基法にもとづく時間外・休日・深夜労働の具体的な取扱い　15

ます。第2の点について，具体的なケースでみます（図表1－10）。

　例えば，週所定労働時間が38時間，法定労働時間が40時間とします。所定労働時間38時間＋法内残業①，③＝法定労働時間40時間となります。そこで，時間外労働は，②の1時間と④の2時間，計3時間となります。

5．時間外労働と法内残業との取扱いの異なる点，同じ点は

　労働者に労基法を順守した時間外労働をさせるためには，次のイ，ロの要件を満たさなければなりません。時間外労働と法内残業とでは，次のような異なる点があります。

　イ　時間外労働については，あらかじめ，使用者と従業員の過半数代表者とで時間外・休日労働に関する労使協定（36協定）を結び，労基署長に届け出なければなりません（労基法36条）。他方，法内残業には，36協定は必要ありません。

　ロ　時間外労働には，「原則25％以上（1カ月に60時間を超える場合は50％以上）」の割増賃金を支払わなければなりません（労基法37条）。

　　　法内残業には，その時間分の賃金を支払えばよく，労基法上，割増賃金を支払う義務はありません。ただし，使用者の自主的判断で割増賃金を支払うのはさしつかえありません。

【図表1−8】時間外労働と法内残業のちがい

A 所定労働時間と法定労働時間が異なるケース

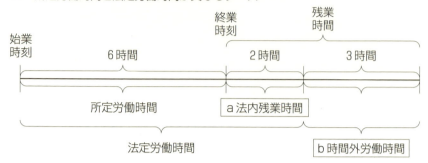

B 所定労働時間と法定労働時間が同じケース

【図表1−9】1週間における時間外労働と法内残業
（法定労働時間40時間の場合）

第2章 改正労基法にもとづく時間外・休日・深夜労働の具体的な取扱い　17

【図表1－10】時間外労働の判断基準

6．「残業の黙示の指示」「残業禁止命令」とは

(1) 残業の黙示の指示とは

① 質問は

退職した労働者から「未払い残業代」の請求がきました。会社としては，残業をするように命じておらず，労働者が勝手に残っていただけなのに，残業代を支払わなければならないのでしょうか。

② 回答は

実際に時間外労働が行われているケースの中で，その労働者に対して，明示的に（上司からはっきりと）時間外労働を行うように指示・命令されているケースはそれほど多くはありません。

その労働者の担当する業務が定めれていて，それを処理するためには所定労働時間を超えて労働しなければならないため，その労働者の判断でなし崩し的に時間外労働を行っているケースのほうがむしろ多いと思われます。

このような場合については，労働者はその業務量をこなすために時間外労働を余儀なくされている（せざるを得ない）のであって，実質的には使用者の指揮命令下に置かれている（実労働時間に該当する）といえます。

そこで，このような場合には，判例では，使用者からの「黙示的な時間外労働の業務指示があったもの」と認定され，時間外労働割増賃金の支払いが命じ

られています。

　例えば，ピーエムコンサルタント（契約社員年俸制）事件（大阪地裁平成17年10月 6 日判決），ビル代行（ビル管理人・不活動時間）（名古屋地裁平成19年9月12日判決）などで，会社が労働者の時間外勤務を行っていることを認識しながら，これを止めなかった以上，少なくとも黙示的には業務指示があったものとして，使用者側の時間外労働を命じていないという主張を退けています。

　以上のように，会社がはっきりと残業を指示していなくても，黙示的な業務指示があったと認められるケースがあります。

(2)　残業禁止命令とは

①　質問は

　今後，訴訟，調停等で，黙示的な残業命令があったと認定されないためには，どのように対応したらよいでしょうか。

②　回答は

　まず，使用者が労働者に明確に文書で「残業禁止命令」を出すことです。ただし，これだけでは足りず，その労働者が現実に残業をせずに職務遂行ができるような状態にしておかなければなりません。例えば，神代学園ミューズ音楽院事件（東京高裁平成17年 3 月30日判決）では，単に残業禁止命令が出されていたというだけにとどまらず，さらに残務がある場合については役職者にその残務を引き継ぐことを命じ，これを徹底していたということがあります。

【2】休日・深夜労働とは

1．休日労働とは

(1)　法定休日と法定外休日のちがい

　休日とは，労働者にとって労働義務のない日（出勤しなくてもよい日）のことをいいます。

　所定休日（その事業場で就業規則等により休日と定められている日）には，法定休日（労基法にもとづく休日）と法定外休日（会社が自主的に定めている

第2章　改正労基法にもとづく時間外・休日・深夜労働の具体的な取扱い　　19

休日）とがあります。

　労基法でいう「休日労働」とは，使用者が，法定休日（労基法にもとづき週1回または4週間のうち4日の付与義務がある休日）に，労働者に労働をさせることをいいます。

　休日労働を行わせる場合には，

　イ　事前の時間外・休日労働協定の締結と労基署長への届出

　ロ　割増賃金（35％以上）の支払い

が義務付けられています。これらの点は，時間外労働の場合と同じです（ただし，時間外労働の割増賃金は25％以上）。

　なお，法定休日に8時間を超えて労働させても，深夜業（午後10時〜翌日午前5時までの労働）に該当しない限り，超えた時間分については休日労働分の割増賃金（35％以上）の支払いで足り，さらに時間外労働の割増分（25％以上）の上積みをしなくても労基法違反にはなりません。

　法定外休日については，労基法上，上記イ，ロの義務はありません。

⑵　休日労働時間は時間外労働時間に算入されない

　法定休日の労働時間は，時間外・休日労働協定の対象となる時間外労働の時間数には含まれません。しかし，法定外休日の労働時間は時間外労働に含まれます。

　例えば，週休2日制（日曜日が法定休日，土曜日が法定外休日）で，国民の祝日・年末年始が法定外休日である事業場の場合，日曜日の労働は時間外労働には含まれませんが，これ以外の法定外休日の労働は時間外労働に含まれます。

2．深夜労働とは

　深夜労働とは，午後10時から翌日の午前5時までの間の労働をいいます。深夜労働には，割増賃金（25％以上）の支払いが義務付けられています。

　労使協定は不要です。

20　第1部　平成30年改正労働基準法等の改正内容と実務対応

【3】時間外・休日・深夜労働に関する法規制の内容

1．時間外・休日・深夜労働に関する法規制の内容は

　時間外・休日・深夜労働については，労基法と育介法により，図表1－11のように多くの規制が設けられています。それは，①労働者の健康と生活時間を確保する，②労働者の勤務と育児，家族介護の両立を図るなどの理由によるものです。

【図表1－11】時間外・休日・深夜労働の法規制（法改正後も変更なし）

		時間外労働	休日労働	深夜労働
1．割増賃金の支払義務		○ （25％以上，中小企業を除き，1カ月60時間超は50％以上）	○ （35％以上）	○ （25％以上）
2．時間外・休日労働協定の締結義務・届出義務		○	○	
3．時間外労働限度基準による時間制限	一般労働者	○		
	1年変形制（期間3カ月超のみ）	○		
4．育児・家族介護に従事する男女の時間制限（本人の請求による）		○ （1カ月24時間，1年150時間まで）		○
5．有害業務の就業制限		○ （1日2時間まで）	○ （1日10時間まで）	
6．妊産婦（妊娠中と産後1年間）の就業禁止（本人の請求による）		○	○	○
7．年少者（満18歳未満）の就業禁止		○	○	○

＊　○は法規制あり。
＊　上記4は育児・介護休業法によるもの。その他は労基法によるもの。

【4】 時間外・休日労働協定とは

1. 時間外・休日労働協定（36協定）とは

　使用者は，あらかじめ，その事業場の労働者の労働組合または労働者の過半数代表者と標記の労使協定を結び，これを労基署長に届け出ることにより，適法に，労働者に法定の労働時間（1日8時間，1週40時間）を超えて，または法定休日（1週間に1日）に労働させることができます。「時間外・休日労働に関する労使協定」は労基法36条にもとづく協定であることから，一般に「36協定」といわれています。この36協定を結ぶ以外に使用者が労働者に，適法に，時間外・休日労働を行わせることができるのは，①災害等により臨時の必要がある場合，②公務により臨時の必要がある場合のみです。

2. 36協定で定める事項は

　36協定は，書面によって次の①〜⑤までの事項について締結しなければなりません。①時間外または，休日に労働させる必要のある具体的事由，②業務の種類，③労働者の数，④1日及び1日を超える一定の期間についての延長することができる時間または労働させることができる休日，⑤36協定の有効期間（労働協約による場合を除きます）。

3. 労使協定の締結単位・当事者は

　労使協定は，事業場ごとに結びます。労使協定とは，使用者が，①その事業場の労働者の過半数で組織する労働組合がある場合においては，その労働組合を代表する者，または②労働者の過半数で組織する労働組合がない場合においては，その事業場の労働者の過半数を代表する者と，書面により所定の事項を取り決めたものです。

22　第1部　平成30年改正労働基準法等の改正内容と実務対応

4．36協定の有効期間は

　36協定には，その有効期間を定めておかなければなりません。また，協定を更新するときは，労基署長に更新する旨の協定を届け出れば足ります。

5．36協定の労基署長への届出は

　36協定は，規定例1（様式第9号）により所轄労基署長に届け出なければなりません。なお，同図表は旧法のものです。平成28年改正労基法施行後は，改訂様式のものを使用しています。

6．36協定の効力は

⑴　刑事免責の効力

　使用者が，あらかじめ，36協定を結び，労基署長に届け出ることは，時間外または休日の労働を適法に行う要件です。使用者は，この協定にもとづいて労働者に時間外労働または休日労働を行わせたとしても労基法36条違反の罪に問われないという効果（刑事免責の効力）をもっています。

　36協定を使用者と労働組合との間の労働協約として結んだ場合には，36協定の刑事免責の効果は，協約の当事者である「労働者の過半数で組織する労働組合」の組合員についてはもちろんのこと，組合員以外の労働者にもおよびます。すなわち，いったんこのような労働組合と労働協約の形で36協定を締結すれば，使用者は非組合員に時間外・休日労働を行わせても労基法36条違反とはなりません。

⑵　民事上の権利は生じない

　使用者は36協定を締結したからといって，当然に労働者に時間外労働または休日労働を命ずることができる私法上の権利（民事上の権利）をも取得するわけではありません。使用者が労働者に時間外労働または休日労働を命ずることができる根拠，言い換えれば，使用者の行う時間外・休日労働の命令に労働者

第2章　改正労基法にもとづく時間外・休日・深夜労働の具体的な取扱い　**23**

が服すべき義務が発生する根拠は，具体的には個々の使用者と労働者の間の労働契約です。具体的には，就業規則または労働契約書の中に根拠規定を設けておくことが必要です。

24　第1部　平成30年改正労働基準法等の改正内容と実務対応

【規定例1】時間外労働・休日労働に関する協定届の記載例（現行法）

様式第9号

時間外労働・休日労働に関する協定届

事業の種類	事業の名称	事業の所在地（電話番号）
金属製品製造業	○○金属工場株式会社○○工場	○○市○○町1-2-3（○○○○-○○○○-○○○○）

	時間外労働をさせる必要のある具体的事由	業務の種類	労働者数（満18歳以上の者）	所定労働時間	延長することができる時間			期　間
					1日	1日を超える一定の期間（起算日）		
						1カ月（毎月1日）	1年（毎年1月1日）	
①下記②に該当しない労働者	臨時の受注，納期変更	検査	10人	1日8時間	3時間	30時間	250時間	平成○○年4月1日から1年間
	月末の決算事務	経理	5人	同上	3時間	15時間	150時間	
	特別条項：通常の生産量を大幅に超える受注が集中し，とくに納期がひっ迫したときは，労使の協議を経て，1カ月70時間までこれを延長することができる。この場合，延長時間をさらに延長する回数は6回までとする。以上のことから，年間の総時間外労働時間を690時間まで延長することができる。							
②1年単位の変形労働時間制により労働する労働者	臨時の受注，納期変更	機械組立	10人	同上	3時間	20時間	200時間	同上

休日労働をさせる必要のある具体的事由	業務の種類	労働者数（満18歳以上の者）	所定休日	労働させることができる休日並びに始業及び終業の時刻	期間
臨時の受注，納期変更	機械組立	10人	毎週土曜日，日曜日	1カ月1日，8：30〜17：30	平成○○年4月1日から1年間

協定の設立年月日　　平成　　年　　月　　日

協定の当事者である労働組合の名称又は労働者の過半数を代表する者の

職名　検査課主任
氏名　○○　○○　㊞

協定の当事者（労働者の過半数を代表する者の場合）の選出方法（投票による選挙）

使用者　職名　工場長
氏名　○○　○○　㊞

　　　平成　　年　　月　　日
　　労働基準監督署長　殿

第2章　改正労基法にもとづく時間外・休日・深夜労働の具体的な取扱い　**25**

【5】　時間外労働の時間数の原則的な制限は

1．現行法の取扱い

⑴　一般労働者の限度基準は

時間外労働の限度基準は，次のとおりです（労基法36条，限度基準告示等）。

(i)　使用者と過半数従業員の代表者（または過半数労働組合の代表者）は，時間外・休日労働協定により，その事業場の時間外労働の限度時間を次の3つについて定めなければなりません。①1日，②1日を超え3カ月以内の期間，③1年間。

(ii)　前記(i)の②と③の時間については，次の時間の限度内でなければなりません。(A)一般労働者（次の(B)を除く）…図表1−12の時間，(B)1年単位の変形労働時間制（対象期間が3カ月を超えるもの）の対象労働者…図表1−13の時間。

(iii)　36協定の中に，前記(ii)にかかわらず，あらかじめ，限度時間を超えて時間外労働を行わなければならない特別の事情が生じたときに限り，一定期間ごとに，労使当事者間で定める手続きを経て，限度時間を超える一定時間まで時間外労働を行わせることができる旨（36協定の特別条項）を定めることができます。

(iv)　次の事業または業務における時間外・休日労働協定については，図表1−12および1−13の限度基準は適用されません。

　ア　工作物の建設等の事業

　イ　自動車の運転の業務

　ウ　新技術，新商品等の研究開発の業務

　エ　季節的要因等により事業活動もしくは業務量の変動の著しい事業もしくは業務または公益上の必要により集中的な作業が必要とされる業務として厚生労働省労働基準局長が指定するもの（ただし，1年間の限度時間は適用される）

　　①　造船事業における船舶の改造・修繕に関する業務

　　②　郵政事業の年末・年始における業務

26　第1部　平成30年改正労働基準法等の改正内容と実務対応

③　その他4業務

(2)　育児・家族介護を行う男女労働者の時間外労働の制限は

育児・家族介護を行う男女労働者が事業主に対して請求したときは，時間外労働の時間は，1カ月間に24時間，1年間に150時間が限度です（育介法，詳細は，32頁以降に記載）。

(3)　労使の遵守義務は

使用者および労働者の過半数を代表する者は，時間外・休日労働協定で労働時間の延長を定めるにあたっては，その協定の内容を前記(1)の基準に適合したものとなるようにしなければなりません。労基署と都道府県労働局は，前記(1)(ii)の(A)と(B)の基準に関して使用者及び労働者の過半数を代表する者等に対し，必要な助言，指導を行います。

【図表1−12】一般労働者の時間外労働の限度時間（法改正に伴う時間数の変更なし）

期　　間	一般労働者の限度時間
1週間	15時間
2週間	27時間
4週間	43時間
1カ月	45時間
2カ月	81時間
3カ月	120時間
1年間	360時間

注1：一定期間が上の表に該当しない場合の限度時間は，計算式で求める時間となります（具体的な計算式は，労基署に問い合せてください）。
注2：限度時間は法定の労働時間を超えて延長することができる時間数を示すものです。また，休日労働を含むものではありません。

2．法改正後の取扱い

第1章のⅣ（6頁）のとおりです。

第2章　改正労基法にもとづく時間外・休日・深夜労働の具体的な取扱い　**27**

【図表1－13】１年単位の変形労働時間制（対象期間が３カ月を超えるもの）の
　　　　　　時間外労働の限度時間（法改正に伴う時間数の変更なし）

期　　　間	１年変形制対象労働者の限度時間
１週間	14時間
２週間	25時間
４週間	40時間
１カ月	42時間
２カ月	75時間
３カ月	110時間
１年間	320時間

注：図表１－12の注１，２に同じ。

【6】　時間外・休日労働協定の「特別条項」とは

１．現行法の取扱い

⑴　ポイントは

　使用者は，時間外・休日労働協定の中に，あらかじめ，「特別条項」を定めて
おけば，図表１－12・13の限度基準を超えて，時間外労働の時間を延ばすこと
ができます。

⑵　「特別条項」で繁忙期に対応

　時間外労働の時間数は，労使が36協定で定めた時間内（①１日，②１カ月等，
③１年間）の３つにおさめなければならないのが原則です。ただし，例外もあ
ります。

　労基法（図表１－12・13の限度基準）で上限が定められているとはいえ，決
算期や思わぬ商品のヒットで大量に注文が入ったときなど，どうしても図表１
－12・13の限度時間を超えて時間外労働を行わせることが必要な場合もあると
思います。そういった特別の事情が予想される場合は，労使協定中に，あらか
じめ「特別条項」を定めることで，ａ）１年のうち６カ月間までは，１カ月に

つき45時間を超えて，またb）１年間に360時間を超えて，"労使が自主的に定める限度時間まで"時間外労働の時間を延長することが認められます。この場合，あらかじめ結ぶ36協定の中に，図表１－14のことを定めておきます。

また，特別な事情として認められるケース，認められないケースの具体例は，図表１－15のとおりです。

(3)　特別条項の規定文例は

例えば，「一定期間についての延長時間は１カ月45時間とする。ただし，納期が集中し生産が間に合わないときは，労使の協議を経て，１年間のうち６カ月間について，１カ月70時間までこれを延長することができる。これに伴い，１年間の総時間外労働時間は，510時間にまで延長することができる」などという「特別条項」を定めなくてはなりません。会社が，この36協定で定めた時間を超えて時間外労働を命ずることは禁止されています。労基署（労働基準監督官）はこれを厳しく摘発し，検察庁（検察官）に送検しています。

(4)　緊急時には協定なしでも時間外労働は可能

なお，36協定を結んでいなくても，使用者が適法に時間外・休日労働をさせることができる場合が２つだけあります。①災害などによって，随時の必要がある場合，②公務によって，臨時の必要がある場合。各事業場で緊急時には，例外的措置がとれるようになっています。

２．法改正後の取扱い

第１章の Ⅳ （６頁）のとおりです。

第2章　改正労基法にもとづく時間外・休日・深夜労働の具体的な取扱い　**29**

【図表1-14】36協定に規定する特別条項の要件

1　限度時間を超えて時間外労働をさせなければならない「特別な事情」を，できるだけ具体的に定める。
2　一定期間の途中で「特別な事情」が生じ，時間外労働時間数を延ばす場合，労使がとる手続きを具体的に定める。
3　限度時間を超えてどれだけ延長するのか，一定の時間数を定める。
4　限度時間を超えることのできる回数を定め，限度時間を超える期間が1年の半分（6カ月）を超えないようにする。

【図表1-15】「特別な事情」として認められるケース，認められないケース

	認められるケース	認められないケース
臨時的であることの例	予算，決算業務，ボーナス商戦に伴う業務の繁忙，納期のひっ迫，大規模なクレームへの対応，機械のトラブルへの対応	業務の都合上必要なとき，業務上やむを得ないとき，業務繁忙なとき，使用者が必要と認めるとき等の抽象的な表現。年間を通じて適用されることが明らかな事由
1年の半分以下の例	通常は1カ月30時間。1カ月50時間とするのは1年のうち6回まで→限度時間（1カ月45時間）を超えるのは合計6カ月までなのでOK	通常は3カ月100時間。3カ月150時間までとするのは1年のうち3回まで→限度時間（3カ月120時間）を超えるのが合計9カ月になってしまうのでダメ

【7】　有害業務についての時間外・休日労働の時間制限は

　坑内労働その他命令で定める健康上特に有害な業務については，時間外・休日労働は1日2時間までに制限されています。つまり，これら有害業務については，労働日，休日ともに1日の総労働時間が10時間までです（労基法36条1項ただし書）。命令（労基則18条）では，図表1-16の業務が，有害業務として指定されています。

30 第1部 平成30年改正労働基準法等の改正内容と実務対応

【図表1−16】時間外・休日労働が制限される業務

① 多量の高熱物体を取り扱う業務および著しく暑熱な場所における業務
② 多量の低温物体を取り扱う業務および著しく寒冷な場所における業務
③ ラジウム放射線，エックス線その他の有害放射線にさらされる業務
④ 土石，獣毛等のじんあい，または粉末を著しく飛散する場所における業務
⑤ 異常気圧下における業務
⑥ 削岩機，鋲打機等の使用によって身体に著しい振動を与える業務
⑦ 重量物の取扱い等重激なる業務
⑧ ボイラー製造等強烈な騒音を発する場所における業務
⑨ 鉛，水銀，クロム，砒素，黄燐，ふっ素，塩素，塩酸，硝酸，亜硫酸，硫酸，一酸化炭素，二硫化炭素，青酸，ベンゼン，アニリン，その他これに準ずる有害物の粉じん，蒸気，またはガスを発散する場所における業務
⑩ 前各号のほか，厚生労働大臣の指定する業務

【8】 育児・家族介護を行う労働者についての就業制限のあらましは

　事業主（会社）は，「時間外・休日労働に関する労使協定（36協定）」を結んでいても，育児または家族介護をする男女従業員から請求があった場合には，事業の正常な運営を妨げる場合を除き，1カ月に24時間，1年間に150時間を超える時間外労働をさせてはいけません。また，深夜労働（午前10時〜翌日午前5時）についても，請求があった場合には，禁止されています（育介法）。これらのあらましは，図表1−17・18のとおりです。

第2章　改正労基法にもとづく時間外・休日・深夜労働の具体的な取扱い　31

【図表1−17】育児・家族介護を行う従業員については，男女ともに制限あり

	時間外労働の制限	深夜労働の禁止
対象者	①小学校就学年齢前の子を養育している男女従業員 ②配偶者や父母，子，同居し扶養している家族などをいつも介護している男女従業員	
1回の請求で適用を受けられる期間	1カ月以上1年未満	1カ月から6カ月の間
請求できる回数	何回でもできる	
請求方法	制限開始予定の1カ月前までに制限開始予定日と制限終了予定日を明らかにして請求する	

【図表1−18】時間外・深夜労働が制限されない場合

①	日雇い，または勤続1年未満の者
②	1週間の所定労働日数が2日以下の者
③	請求した時間帯に，つねに子の養育または介護にあたれる者がいるとき
④	養育または介護する必要がなくなったとき
⑤	従業員のけがや病気などにより，養育または介護ができなくなったとき
⑥	従業員が産前産後休業，育児休業または介護休業を取得したとき

【9】　就業制限違反事業主の取扱いは

　事業の正常な運営が妨げられるおそれがないのに，事業主が育児・介護を行う労働者の時間外労働の制限を無視したり，深夜労働に就かせても罰則はありません。ただし，所轄の都道府県労働局雇用均等室から是正指導，会社名の公表が行われます。さらに，従業員が裁判に訴えれば敗訴し，損害賠償を命じられることになります（育介法）。

32　第1部　平成30年改正労働基準法等の改正内容と実務対応

【10】　育児・家族介護を行う労働者の時間外・休日・深夜労働の制限は

1．法規制のあらましは

　平成11年4月から，従来の女性の時間外・休日労働，深夜労働に関する労基法の規制がすべて廃止され，現在，次のようになっています（図表1-11参照）。

① 満18歳以上の女性の時間外労働の限度時間は，男性と同じく労基法にもとづき定められている限度基準によります。

② 子の養育または家族介護を行う男女労働者の時間外労働については，本人が事業主に請求した場合は，1カ月24時間，1年150時間が限度です（育介法）。

③ 深夜労働については，子の養育または家族介護を行う男女労働者が事業主に請求したときは，禁止されることになりました（育介法）。

④ 従来と同様，(ｲ)妊産婦（妊娠中または出産後1年を経過しない女性）が，使用者に請求した場合，(ﾛ)満18歳未満の女性（年少者）については，時間外労働，休日労働，深夜労働に従事させることはできません（労基法）。

2．育児・家族介護を行う男女労働者の時間外労働の制限は

　事業主は，育児または家族介護を行う男女労働者が請求したときは，事業の正常な運営を妨げる場合を除いて，制限時間（1カ月に24時間，1年に150時間）を超えて労働時間を延長することが禁止されます（育介法）。

(1)　育児を行う労働者の時間外労働の制限

イ　対象者

　　時間外労働の制限を請求できるのは，「小学校就学の始期に達するまでの子を養育している者」です。男女を問いません。

ロ　適用除外者

　　前記イに該当していても，次の①～⑤のいずれかの労働者は，この制限

第2章　改正労基法にもとづく時間外・休日・深夜労働の具体的な取扱い　**33**

から適用除外されます。つまり，請求できません。

① 日々雇用される労働者

② 勤続1年未満の労働者

③ 配偶者が子を養育できる状態である労働者

④ 1週間の所定労働日数が2日以下の労働者

⑤ 配偶者でない親が，子を養育できる状態にある労働者

ハ　時間外労働の制限が中途で終了する事由

次の場合などです。

① 子が死亡した，子を養育に出した，労働者が離婚したなどにより労働者が子と同居しなくなった。

② 労働者が負傷，疾病，身体・精神上の障害などにより子を養育できなくなった。

③ 労働者が新たな産前産後休業，育児休業，介護休業をすることとなった。

(2)　家族介護を行う労働者の時間外労働の制限

イ　対象者

時間外労働の制限を請求できるのは，要介護状態にある次の家族を介護している男女労働者です。「要介護状態」とは，負傷，疾病または身体上，精神上の障害により，2週間以上の期間にわたり常時介護する必要のある状態をいいます。

① 配偶者（事実婚を含む）

② 父母，子

③ 同居し，かつ，扶養している祖父母，兄弟姉妹，孫

④ 配偶者の父母

ロ　適用除外者

前記イに該当していても，次の①～③のいずれかの労働者は，請求できません。

① 日々雇用される労働者

② 勤続1年未満の労働者

34　第1部　平成30年改正労働基準法等の改正内容と実務対応

③　1週間の所定労働日数が2日以下の労働者

ハ　時間外労働制限を中途で終了する事由

　　前記(1)のハ①～③に準ずる場合です。

(3)．時間外労働制限請求手続きなど

イ　請求権

　　この権利は，年次有給休暇と同じく，事業主が限度時間を超えて時間外労働をさせないよう，労働者が事業主に請求することができるという「請求権」です。したがって，無条件に請求が認められるわけではなく，事業主には，「事業の正常な運営な妨げる場合」は，拒否権が育介法上認められています。例えば，複数の従業員から請求が出され，業務遂行上，不可欠な人員について，事業主が，通常考えられる相当の努力をしてもなお，代行者が確保できない場合等は拒否することができます。

ロ　請求のしかた

　　1回の時間外労働制限の期間は，1月以上1年以内の期間です。請求できる回数に制限はありません。請求は，制限開始予定日と制限終了予定日を明らかにして，希望する時間外労働制限開始予定日の1カ月前までに行わなければなりません。

3．育児・家族介護を行う男女労働者の深夜労働の禁止は

　事業主は，育児または家族介護を行う男女労働者が請求したときは，事業の正常な運営を妨げる場合を除いて，深夜（午後10時から翌日午前5時まで）に労働させることが禁止されています（育介法）。

(1)　育児を行う労働者の深夜労働禁止

イ　対象者

　　深夜労働の免除を請求できるのは，「小学校就学の始期に達するまでの子を養育している者」です。男女を問いません。

ロ　適用除外者

　　前記イに該当していても，次の①〜⑤のいずれかの労働者は，この制度から適用除外されます。

① 日々雇い入れられる労働者

② 勤続1年未満の労働者

③ 請求した深夜において，16歳以上の同居の家族であって，次のa〜cのいずれにも該当しない者のいない労働者

　　a．深夜に就業していないこと（深夜の就業日数が1月について3日以下の者を含む）

　　b．負傷，疾病，身体・精神上の障害により請求に係る子を保育することが困難でないこと

　　c．産前6週間産後8週間の期間中でない労働者

④ 1週間の所定労働日数が2日以下の労働者

⑤ 所定労働時間の全部が深夜にある労働者

ハ　深夜労働禁止が中途で終了する事由

　　次の場合などです。

① 子が死亡した，子を養子に出した，離婚したなどにより労働者が子と同居しなくなった。

② 労働者が負傷，疾病，身体・精神上の障害などにより子を養育できなくなった。

③ 労働者が新たな産前産後休業，育児休業，介護休業をすることとなった。

(2)　家族介護を行う男女労働者の深夜労働の禁止

イ　対象者

　　深夜労働の免除を請求できるのは，要介護状態にある次の家族を介護している男女労働者です。「要介護状態」とは，負傷，疾病または身体上，精神上の障害により，2週間以上の期間にわたり常時介護する必要のある状態をいいます。

① 配偶者（事実婚を含む）

②　父母，子

　③　同居し，かつ，扶養している祖父母，兄弟姉妹，孫

　④　配偶者の父母

ロ　適用除外者

　前記(1)のロに準ずる者です。

ハ　深夜労働禁止が中途で終了する事由

　前記(1)のハに準ずる場合です。

【図表 1 －19】育児・家族介護を行う男女労働者の深夜労働禁止のあらまし

	育児を行う労働者の取扱い	家族介護を行う労働者の取扱い
対象労働者	小学校就学始期前の子を養育する労働者であって，次のいずれにも該当しない者 ①日雇労働者 ②勤続 1 年未満の労働者 ③ 1 週間の所定労働日数が 2 日以下の者 ④所定労働時間の全部が深夜にある者 ⑤請求した深夜において，16歳以上の同居の家族その他の子を常に保育できる者がいる労働者	要介護状態にある対象家族を介護している者であって，次のいずれにも該当しない者 ①～④同左 ⑤請求した深夜において，16歳以上の同居の家族その他の対象家族を常に介護できる者がいる労働者
対象となる家族	子（小学校就学前の者）	①配偶者（事実婚を含む） ②父母および子 ③同居し，かつ，扶養している祖父母，兄弟姉妹，孫 ④配偶者の父母
請求できる期間，回数	最短 1 カ月，最長 6 カ月。回数の制限なし	同左
請求の手続き	請求は，禁止の開始予定日と終了予定日を明らかにして，開始予定日の 1 カ月前までに行う	同左

第2章　改正労基法にもとづく時間外・休日・深夜労働の具体的な取扱い　　**37**

(3)　**深夜労働禁止請求の手続き**

イ　**請求権**

　　前記2の(3)のイ（34頁）と同様です。

ロ　**請求のしかた**

　　1回の深夜労働禁止の期間は，最短で1カ月，最長で6カ月です。請求の回数は，1回に限定されません。請求は，禁止開始予定日と禁止終了予定日を明らかにして，希望する深夜労働禁止開始予定日の1カ月前までに行わなければなりません。

Ⅱ　使用者の時間外・休日・深夜労働命令の根拠

【1】　時間外・休日・深夜労働命令の根拠・命令拒否者に対する懲戒処分は

1．従業員に対する時間外・休日・深夜労働命令の根拠規定は

　会社が従業員に時間外労働または休日労働を命令し，これに従わせるためには，就業規則または労働契約書に「会社は，従業員に対して業務上の必要に応じ，時間外労働または休日労働を命ずる。」という根拠規定を定めておくことが必要です。この根拠規定がなければ，命令できません。

　また，就業規則等に定めてある所定労働時間に深夜労働が含まれている場合には，従業員は，原則として，その時間どおりに勤務する義務があります。

2．時間外・休日労働には36協定が必要とは

　会社が，従業員に，労基法上適法に時間外・休日労働を行わせるためには，事前にその事業場の従業員の過半数代表者と「時間外・休日労働に関する労使協定（36協定）」を結び，これをその事業場を管轄する労基署長に届け出ておかなければなりません（労基法36条）。

　ただし，36協定を結び割増賃金を支払うとしても，1カ月につき45時間，1

38　第1部　平成30年改正労働基準法等の改正内容と実務対応

年間につき360時間（36協定に特別条項を設けてある場合には，労使が自主的に
定めた限度時間）を超えて時間外労働を命令することは認められません（限度
基準告示）。

3. 従業員の時間外・休日・深夜労働拒否の正当理由とは

次の①～③のいずれかに該当する場合には，従業員は法令にもとづいて，時
間外・休日・深夜労働を拒否できます。

① 有害業務についての時間外・休日労働の時間制限（30頁図表1－16参照）
② 年少者の時間外・休日・深夜労働の禁止（4頁図表1－2のⅣ参照）
③ 育児・介護を行う労働者の時間外・休日・深夜労働の制限（32頁以降参
照）。

さらに，次の場合その他の合理的理由がある場合には，従業員は時間外・休
日・深夜労働を断ることができます。A）病院等に通院の予定がある，B）事
前に会社に申し出ている夜間の学校，教育訓練機関へ通学する，C）緊急の用
件が生じた，D）あらかじめ上司に申し出ている予定・事情がある。

4. 時間外・休日・深夜労働命令拒否従業員に対する懲戒処分は

正当な理由がないのに時間外・休日・深夜労働命令を繰り返し拒否する従業
員については，あらかじめ，就業規則に根拠規定を設けておけば，当初，訓告，
けん責といった軽い懲戒処分を行うことが認められます（図表1－20）。

第2章　改正労基法にもとづく時間外・休日・深夜労働の具体的な取扱い　　**39**

【図表1－20】懲戒処分の種類とその程度（例）

軽い……① 訓告（戒告）：口頭で将来を戒める。業務記録に記載する。

……② 譴　責：業務報告書を提出させ，将来を戒める。

……③ 減　給：給与賃金を減給する。1回の額が平均賃金の1日分の5割を超えず，総額が1賃金支払い期間における賃金の1割を超えない範囲内でなければならない（労基法91条）。

……④ 出勤停止：出勤を停止し，その間の賃金は支給しない。

……⑤ 昇給停止：○カ月間，昇給を停止する。

……⑥ 降職／降格：職務上の地位，資格を上位から下位に降ろす。

……⑦ 懲戒休職：雇用関係は継続したまま，一定期間就労は禁止する。

……⑧ 諭旨退職：行為の内容は懲戒解雇に相当するが，会社の情状により，従業員自ら即時退職することを勧告する。退職金は一部支給する。

重い……⑨ 懲戒解雇：即時解雇し，退職金の全部または一部を支払わない。

③減給～⑤昇給停止は，始末書提出を併せて定めることも可能。

【2】　時間外・休日・深夜労働に関する就業規則の規定例は

　標記についての就業規則の規定例は，次頁のとおりです。

　なお，このほか，就業規則の賃金に関する規定（給与規程等）の中に，時間外・休日・深夜労働の割増賃金支払いに関する規定を設けておくことが必要です。さらに，懲戒処分に関する規定の中に，時間外・休日・深夜労働の拒否者に関し必要な規定を設けます。

40 第1部 平成30年改正労働基準法等の改正内容と実務対応

【規定例2】就業規則の規定例

（時間外・休日・深夜労働）

第○○条 会社は，業務の都合により，従業員を，第○条の所定労働時間を超え
て，又は第○条の所定休日に，労働させることがある。この場合において，法
定の労働時間を超える労働，又は法定の休日の労働については，あらかじめ，
会社は従業員の過半数を代表する者と書面による協定を締結し，これを労働基
準監督署長に届け出るものとする。

2 従業員は，前項の規定により時間外労働または休日労働を命ぜられた場合は，
正当な理由なく，これを拒んではならない。

3 時間外労働および休日労働は，上司の命令によって行い，かつ，従業員から
の報告によって確認するものとする。

4 従業員は，自己の担当業務について時間外労働または休日労働の必要を認め
たときは，その理由・予定時間等を事前に上司に申し出て，その指示を受ける
ものとする。

5 所定休日に，出勤日の所定労働時間と同様に勤務した場合の休憩時間は，原
則として，正午から午後1時までとする。

6 会社は，業務の都合により，従業員に深夜（当日午後10時から翌日午前5時
までの間）に労働させることがある。従業員は深夜労働を命じられた場合は，
正当な理由なく，これを拒んではならない。

第3章
中小企業に対する時間外労働（1カ月60時間超）の割増賃金率の引上げ（労基法）

――中小企業も平成35年（2023年）4月1日から5割に

【目　次】
　Ⅰ　平成30年改正法規定の内容
　Ⅱ　平成30年労基法改正後の割増賃金の割増率，計算方法
　Ⅲ　割増賃金計算の基礎となる通常賃金，除外賃金

Ⅰ　平成30年改正法規定の内容

【1】　中小企業に対する時間外労働（1カ月60時間超）の割増賃金率の引上げ

1．平成30年改正法規定のポイントは

　平成35年（2023年）4月1日からは，中小事業主を含む全事業主に対して，1カ月間に60時間を超える時間外労働については，「5割以上」の割増賃金率が適用されることになります。

2．現行法では中小事業主への適用を猶予

　すでに，平成22年4月1日に施行された改正労基法により，1カ月間に60時

間を超える時間外労働については，法定の割増賃金率が「5割以上」に引き上げられています（37条1項ただし書）。

ただし，この時間外労働の割増賃金率の引上げについては，図表1-21の中小事業主については，当分の間，適用が猶予されていました（現行法138条）。

【図表1-21】月60時間超の時間外労働に対する50％以上の割増賃金率の適用が平成34年（2022年）3月末まで猶予されている中小事業主

資本金の額または出資の総額が			常時使用する労働者が	
小売業	5,000万円以下	または	小売業	50人以下
サービス業	5,000万円以下		サービス業	100人以下
卸売業	1億円以下		卸売業	100人以下
その他	3億円以下		その他	300人以下

3．平成30年改正労基法は中小企業の適用猶予を廃止

平成30年改正労基法では，中小事業主への月60時間を超える時間外労働に対する「5割以上」の割増賃金率の適用を猶予している現行労基法138条の規定が廃止されます（現行138条の削除）。ただし，この規定についての改正法の施行日は，中小事業主への影響を考慮して，平成35年（2023年）4月1日としています。

Ⅱ 平成30年労基法改正後の割増賃金の割増率，計算方法

【1】 平成30年改正労基法施行後の割増賃金の率，計算方法

1．時間外・休日労働の割増賃金とは

(1) **割増賃金率，規定の趣旨は**

使用者は，時間外労働または休日労働を行わせた場合には，労働者に割増賃

金を支払わなければなりません。時間外労働の割増賃金率は，通常の労働時間の賃金の「25％以上」です。ただし，1カ月間に60時間を超える時間外労働分については，50％以上増です。また，休日労働の割増賃金率は，通常の労働日の賃金の「35％以上」です。くわしくは図表1－22のとおりです。

これらの割増賃金の支払義務は，法定労働時間及び週休制の原則の維持を図るとともに，労働者の加重な労働に対して補償を行おうとする趣旨から定められているものです。

(2) 割増賃金の支払いが必要な場合は

使用者が割増賃金を支払わなければならないのは，次の場合です。

① その事業場の労働者の過半数で組織する労働組合または労働者の過半数を代表する者との書面による協定をし，労基署長に届け出て時間外または休日の労働をさせた場合

② 災害等の非常事態により随時の必要のある場合において，労基署長の許可を受けて時間外または休日の労働をさせた場合（場合によっては事後に届け出たとき），公務のために臨時の必要がある場合において時間外または休日に労働をさせた場合

そこで，まず問題となるのは，違法，あるいは必要な手続きを経ないで時間外労働または休日労働を行わせた場合に，割増賃金を支払う必要があるか否かということです。労基法37条の趣旨が，法定労働時間制の原則の確保と長時間労働への補償であることから，このような手続きを経ないで行わせた場合にも使用者は割増賃金の支払義務は免れません。

(3) 2つの事業場で働いた場合は

1日のうちに甲事業場と乙事業場で労働した場合に，それぞれの事業場では法定労働時間内であっても，両事業場の労働時間の合計が法定労働時間を超えるときは，後で働いた事業場の使用者に割増賃金の支払義務が生じます。

甲事業場と乙事業場が同一企業，別企業のいずれであっても支払義務があります。

２．深夜労働の割増賃金とは

　使用者は，労働者に深夜労働（当日午後10時から翌日午前５時までの間の労働）を行わせたときは，通常の労働時間の賃金の計算額の「25％以上」の，割増賃金を支払わなければなりません。

　また，深夜労働は，例えば，それが所定労働時間内の労働であっても「25％以上」の割増賃金を支払わなければなりません。

３．時間外・休日労働が深夜労働と重複する場合の取扱いは

　時間外労働が深夜労働の時間帯にわたる場合には「50％以上」の，また，休日労働が深夜労働の時間帯にわたる場合には「60％以上」の，割増賃金を支払わなければなりません。

【図表１－22】時間外・休日・深夜労働賃金の割増率（改正法施行後）

条　件	割増率
時間外労働	通常賃金の25％以上増し。ただし，１カ月間に60時間を超える時間分については，50％以上増し
深夜労働	通常賃金の25％以上増し
休日労働	通常賃金の35％以上増し（休日の１日に８時間を超えて働いても同じ）
時間外労働＋深夜労働	通常賃金の50％以上増し
休日労働＋深夜労働	通常賃金の60％以上増し

４．割増賃金支払いの注意点は

　使用者の労働者に対する割増賃金の支払いについては，図表１－23のことに注意してください。

第3章　中小企業に対する時間外労働（1カ月60時間超）の割増賃金率の引上げ（労基法）　**45**

【図表1－23】割増賃金，ここに注意

1　法内残業に割増分の支払いは不要

　　所定労働時間7時間の事業場で1時間残業するような法内残業（法定労働時間内の残業）については，時間あたりの賃金を支払えばよい。割増分（25%以上）を支払う必要はない。

2　法定外休日の出勤は，休日割増にはならない

　　休日割増賃金が必要なのは，4週間に4日の法定休日が確保できなかった場合のみ。法定外休日（例：土曜日）の出勤であれば，時間外割増（25%以上）だけでよく，休日割増（35%以上）にしなくてよい。

3　管理監督者でも深夜割増賃金は必要

　　労基法41条に定める管理監督者等については，同法の労働時間，休憩時間，休日に関する規定が適用除外となるため，時間外・休日労働の割増賃金は不要。ただし，深夜労働割増賃金は必要。

4　不法就労者にも割増賃金を支払う義務がある

　　使用者が違法に，あるいは労基法等の手続きを無視して，従業員を時間外・休日・深夜労働に従事させた場合にも，割増賃金を支払う義務がある。

　　例：年少者（18歳未満の者），妊産婦（妊娠中および出産後1年以内の女性），不法就労の外国人・外国人技能実習生等

CHECK

□午後10時以降まで残業させることがある。

⇒時間外割増賃金に加え，深夜割増賃金も支払わなければならない。

□残業時間が1カ月間に60時間を超えている。

⇒割増賃金率が大幅にアップする（50%以上増し）。作業効率の見直しを。

【2】　割増賃金の計算の手順は

　割増賃金の支払額を計算する手順は，図表1－24のとおりです。割増賃金の計算にあたっては，①割増賃金の算定基礎となる賃金の範囲（通常賃金額）と，②その賃金の支払形態別の計算方法に注意することが必要です。

46　第1部　平成30年改正労働基準法等の改正内容と実務対応

【図表1－24】割増賃金額の求め方

1　計算に必要な通常賃金額を出しておく

> 通常賃金＝基本給＋各種手当（除外賃金以外の手当等）

2　1時間あたりの通常賃金額を計算する

通常賃金が1時間あたりいくらになるかは，賃金支給形態によって計算する。

賃金形態	計算方法
①時間給	時間によって定められた賃金については，その金額
②日給	日によって定められた賃金については，その金額を1日の所定労働時間数（変形労働時間制をとる場合や，平日の所定労働時間は8時間であるが土曜日のみは4時間である場合等のように日によって所定労働時間数が異なる場合には，1週間における1日平均所定労働時間数）で割って得た金額
③週給	週によって定められた賃金については，その金額を週における所定労働時間数（週によって所定労働時間数が異なる場合には，4週間における1週平均所定労働時間数）で割って得た金額
④月給	月によって定められた賃金については，その金額を月における所定労働時間数（月によって所定労働時間数が異なる場合には，1年間における1月平均所定労働時間数）で割って得た金額
⑤旬給等	月，週以外の一定の期間によって定められた賃金については，上記①～④に準じて計算した金額
⑥請負給	出来高払制その他の請負制によって定められた賃金については，その賃金算定期間（賃金締め切り日がある場合には賃金締め切り期間）において出来高払制その他の請負制によって計算された賃金の総額を，その賃金算定期間における総労働時間数で割って得た金額（なお，労基法27条の保障給も請負給の一種であり，この方法による）

注1：労働者の受け取る賃金が①～⑥の賃金の2つ以上の形態により構成されている場合には。その部分について，それぞれ前述した方法で計算した金額の合計額。

注2：休日手当（休日労働について支払われる割増賃金ではなく，所定休日に労働するか否かにかかわらずその日について支払われる賃金），その他①～⑥に含まれない賃金は，月によって定められた賃金とみなし，④の方法によって計算する。

3　割増賃金の額を出す

> 割増賃金
> ＝1時間あたりの通常賃金額×割増率×時間外・休日・深夜労働時間数

【3】 月給制の場合の割増賃金の計算方法は

割増賃金の計算手順は次のとおりです。

① まず、「1時間あたりの通常賃金額」を計算すること

② ①に割増率（1.25または1.35）と時間外・休日・深夜の実労働時間数を掛けること

月給制の場合について説明します。割増賃金の計算の基礎となるのは「通常の労働時間（労働日）の賃金」で、これを一般的に「通常賃金」といいます。通常賃金の内訳を大雑把にいうと、基本給に各種手当を加えた賃金です。ただし、各種手当のうち、「家族手当」「通勤手当」「別居手当」「子女教育手当」「住宅手当」「臨時に支払われる賃金（結婚手当、私傷病手当、退職金等）」「1カ月を超える期間ごとに支払われる賃金（賞与、手当など）」は、通常賃金に含まれません。

これを一般に「除外賃金」といいます。これら以外の賃金は、みな通常賃金と考えればよいことになります。

「1時間あたりの通常賃金額」の出し方は、図表1－24の2の④のとおりです。そして、具体的な割増賃金の額は、図表1－24の3のとおり「1時間あたりの通常賃金額」に割増率（1.25または1.35）と時間外労働、休日労働、深夜労働の時間数を、それぞれ掛け算して出すことができます。

時間外労働、休日労働、深夜労働ごとの割増賃金の計算方法は、図表1－25のとおりです。

48　第1部　平成30年改正労働基準法等の改正内容と実務対応

【図表1－25】月給制の場合の割増賃金の計算方法

【時間外労働割増賃金】

通常賃金の25%以上増の賃金を支払うための計算式

$$時間外労働割増賃金＝\frac{通常賃金（基本給＋除外賃金以外の手当等）}{※1カ月平均所定労働時間数}×1.25×時間外労働時間数$$

1時間あたりの通常賃金額

【休日労働割増賃金】

通常賃金の35%以上増の賃金を支払うための計算式

$$休日労働割増賃金＝\frac{通常賃金（基本給＋除外賃金以外の手当等）}{※1カ月平均所定労働時間数}×1.35×休日労働時間数$$

【深夜労働割増賃金】

通常賃金の25%以上増の賃金を支払うための計算式

$$深夜労働割増賃金＝\frac{通常賃金（基本給＋除外賃金以外の手当等）}{※1カ月平均所定労働時間数}×1.25×深夜労働時間数$$

※1年間の所定労働時間の総数を12カ月で割って得た時間数のことです。
　その月の通常賃金額を，その月の所定労働時間数で割るのは誤りです。

【4】　年俸制の場合の割増賃金の計算方法は

1．割増賃金の取扱いは

　年俸制（1年間で賃金支払額を決める制度）で賃金が支払われている従業員であっても，時間外労働，休日労働，および深夜労働を行わせたときは，年俸金額とは別に，法定の割増賃金を支払わなければなりません。ただし，労基法41条に定める管理監督者等については，労基法の労働時間，休憩時間，休日，

割増賃金支払いなどに関する規定が適用除外となっているので，深夜労働の割増賃金を除き，割増賃金の支払義務はありません。

2．割増賃金の計算のしかたは

年俸制の場合の割増賃金の計算のしかたは次のとおりです。

① 年俸金額（あらかじめ支給額が確定している賞与を含む）
÷12カ月＝割増賃金の計算基礎となる賃金月額

② ①の賃金月額÷1カ月の平均所定労働時間数×割増率＝割増賃金の時間あたりの単価

③ ②の時間あたり単価×時間外・休日・深夜労働時間数＝割増賃金額

なお，年俸金額に毎月払いの部分のほかに，1年間に数回賞与を支払っている場合であっても，その賞与金額があらかじめ確定している場合には，上記①の算式のように，割増賃金の計算基礎に含めて計算することが必要です。

逆に，賞与のうち，その従業員の勤務成績等に応じて支給されるものであって，その支給額が確定していない賞与については，年俸金額から除外して計算します。

Ⅲ 割増賃金計算の基礎となる通常賃金，除外賃金

【1】 割増賃金計算の基礎となる通常賃金とは

1．計算の基礎は通常賃金

割増賃金の計算の基礎になる賃金は「通常の労働時間または労働日の賃金」です。これは，一般に「通常賃金」といわれています。おおざっぱにいえば，「基本給に毎月支払われる業務関連の各種手当を加えた賃金」が「通常賃金」です。つまり，労基法では，図表1−26・1−27に示す業務関連ではない手当等は，通常賃金に含めないとしています。これは一般に「除外賃金」といわれています。除外賃金以外の賃金は，すべて通常賃金に含まれます（労基法37条4

項)。

2．通常賃金とは何か

ここでいう「通常の労働時間または労働日の賃金」(通常賃金)とは，割増賃金を支払うべき労働(時間外・休日労働または深夜労働)が，深夜でない所定労働時間中に行われた場合に支払われる賃金のことです。

例えば，ある従業員が，所定労働時間中にA作業に従事し，時間外にはB作業に従事したような場合には，その時間外労働についての「通常の……賃金」とは，B作業について定められている賃金のことです。

したがって，重量物作業手当，危険作業手当が支払われるような作業が，時間外や休日に行われた場合には，これらの手当を「割増賃金の基礎となる賃金」(通常賃金)に加えなければなりません。

【図表1－26】割増賃金の計算基礎に含む賃金，含まない賃金

割増賃金計算の基礎となる賃金(通常賃金)
↓
通常の労働時間または労働日の賃金

除外される賃金
①家族手当，②通勤手当，③別居手当，④子女教育手当，⑤住宅手当，⑥臨時に支払われた賃金(結婚手当，私傷病手当，加療見舞金，退職金等)，⑦1カ月を超える期間ごとに支払われる賃金(1カ月を超える期間ごとに支払われる精勤手当・勤続手当・奨励加給・能率手当)

第3章　中小企業に対する時間外労働（1カ月60時間超）の割増賃金率の引上げ（労基法）　　51

【図表1−27】除外賃金（割増賃金の計算基礎から除外される賃金）

	名　称	内　容
①	家族手当	扶養家族数，またはこれを基礎とする手当
②	通勤手当	通勤距離，または通勤に要する実際費用に応じて算出する手当
③	別居手当	単身赴任者を対象とする手当
④	子女教育手当	通学中の子の数に応じて支払う手当
⑤	住宅手当	住宅に要する費用に応じて算定する手当
⑥	臨時に支払われた賃金	臨時的，突発的な理由に基づいて支払うもの。結婚手当，私傷病手当，加療見舞金，退職金
⑦	1カ月を超える期間ごとに支払われる賃金	賞与，1カ月を超える期間ごとに支払われる精勤手当，勤続手当，奨励加給，能率手当

【2】　除外賃金（割増賃金の計算基礎から除外される賃金）の判断基準は

1．ポイントは

①　図表1−27の①〜⑦の賃金は，割増賃金の計算の基礎となる賃金（通常賃金）から除外されます。

②　除外賃金に該当するか否かは，その名称ではなく，実質的な内容で判断されます。

2．除外賃金を設ける目的は

　賃金とは，労働の対償として支払われるすべてのもののことです（労基法11条）。したがって，所定労働時間外または休日の労働に対して支払われる賃金以外は，一応すべての賃金が所定労働時間の労働に対応する賃金と考えられます。

　しかし，我が国の賃金の実態をみると，家族手当，通勤手当など，労働と直

接的な関係がうすく各労働者の個人的事情にもとづいて支払われている賃金が多くあります。これらの賃金もすべて割増賃金の算定基礎に含めると，同一職種で同一時間給を得ている労働者のあいだで，家族数，通勤距離等，個人的事情にもとづく手当の違いによって割増賃金額に差がでてくることになります。

このような例からも明らかなように，通常の労働時間の賃金をすべて割増賃金の基礎とすることはかならずしも妥当でないところから，労基法では，家族手当，通勤手当，別居手当，子女教育手当，住宅手当，臨時に支払われた賃金，および1カ月を超える期間ごとに支払われる賃金を，除外賃金としています（労基法37条4項，労基則21条）。

なお，臨時に支払われた賃金，および1カ月を超える期間ごとに支払われる賃金は，主として計算技術上の困難があるために除外されたものと考えられます。

上述した家族手当以下7種類の賃金は単なる例示ではなく，制限的に列挙されたものです。したがって，これらに該当しない通常の労働時間の賃金は，すべて割増賃金計算の基礎に算入しなければなりません。

しかし，実際にこれらの手当を除外するにあたっては，単に名称によるものでなく，その実質によって取り扱うことが大切です（昭22.9.13発基17号）。例えば，生活手当などと称していても実質的には家族手当であるものもあります。

なお，これら7種類の賃金は労基法のうえでは除外賃金とされていますが，労基法はこれ以外はいけないという最低限度の基準を示すものですから，わが社では家族手当も通勤手当なども割増賃金計算の基礎に算入すると決めることは，使用者の自由です（昭22.2.2基発297号）。

3．除外賃金の具体的な判断基準は

(1) 除外賃金になる家族手当とは

家族手当とは，「扶養家族数またはこれを基礎とする家族手当額を基礎として算出した手当」をいい，その名称が，物価手当，生活手当等であっても，これに該当する手当は家族手当として取り扱われます（昭22.11.5基発231，昭22.12.26基発572号）。

しかしながら，扶養家族のある者に支給される手当であっても，家族数に関係なく一律に支給される手当，一家を扶養する者に対し基本給に応じて支払われる手当は，除外賃金となる家族手当ではありません。また，扶養家族のある者に対し，本人分何円，扶養家族ひとりにつき何円という条件で支払われるとともに，均衡上独身者に対しても一定額の手当が支払われている場合には，これらの手当のうち独身者に対して支払われている部分および扶養家族のある者に対しての本人に対して支給されている部分は除外賃金となる家族手当ではありません（昭22.12.26基発572号）。

(2) 除外賃金になる通勤手当とは

除外賃金となる通勤手当とは，労働者の通勤距離または通勤に要する実際費用に応じて算定される手当をいいます。したがって，原則として実際距離に応じて算定するが，一定額までは，距離にかかわらず一律に支給するような場合には，実際距離によらない一定額の部分は，ここにいう通勤手当ではなく，割増賃金の基礎に算入しなければなりません（昭23.2.20基発297号）。

(3) 除外賃金になる別居手当および子女教育手当とは

除外賃金となる別居手当とは，勤務の都合により同一世帯の扶養家族と別居を余儀なくされる労働者に対して，世帯が二分されることによる生活費の増加を補うために支給される手当（一般的には，単身赴任手当はこれに該当します）をいい，子女教育手当は，労働者の子弟の教育費を補助するために支給される手当をいいます。

(4) 除外賃金になる住宅手当とは

住宅手当という名称であれば，すべて除外することができるというわけではありません。これまでも，家族手当や通勤手当については，それぞれの扶養家族や通勤に要する費用，通勤距離に応じて支給される手当のみを除外することができたわけですが，住宅手当についてもこれと同様であり，具体的には次のとおりです。

① 割増賃金の基礎から除外される住宅手当とは，住宅に要する費用に応じ

54 第1部 平成30年改正労働基準法等の改正内容と実務対応

て算定される手当をいうものであり，手当の名称のいかんを問わず実態に
よって取り扱うことが必要です。

② 住宅に要する費用とは，賃貸住宅については，居住に必要な住宅（これ
に付属する設備等を含む。以下同じ）の賃借のために必要な費用，持ち家
については，居住に必要な住宅の購入，管理等のために必要な費用のこと
です。

③ 費用に応じた算定とは，費用に定率を乗じた額とすることや，費用を段
階的に区分し費用が増えるに従って額を多くすることをいいます。

④ 住宅に要する費用以外の費用に応じて支給される手当や，住宅に要する
費用にかかわらず一律に定額で支給される手当は，除外される住宅手当に
はあたりません。

　ア　除外される住宅手当にあたる例（除外賃金になるもの）

　　㋐　住宅に要する費用に定率を乗じた額を支給されているもの。例えば，
賃貸住宅居住者には家賃の一定割合，持ち家居住者にはローン月額の
一定割合を支給することとされているもの。

　　㋑　住宅に要する費用を段階別に区分し，費用が増えるに従って額を多
くして支給することとされているもの。例えば，家賃月額5〜10万円
の者には2万円，家賃月額10万円を超える者には，3万円を支給する
こととされているようなもの。

　イ　除外される住宅手当にあたらない例（通常賃金になるもの）

　　㋐　住宅の形態ごとに一律に定額で支給されることとされているもの。
例えば，賃貸住宅居住者には2万円，持ち家居住者には1万円を支給
することとされているようなもの。

　　㋑　住宅以外の要素に応じて定率または定額に支給することとされてい
るもの。例えば，扶養家族がある者には2万円，扶養家族がない者に
は1万円を支給することとされているようなもの。

　　㋒　全員一律に定額で支給することとされているもの。

⑸　**除外賃金になる「臨時に支払われた賃金」とは**

除外賃金になる「臨時に支払われた賃金」とは，「臨時的，突発的事由にもと

づいて支払われたもの，および結婚手当等支給条件はあらかじめ確定されているが，支給事由の発生が不確定であり，かつ非常にまれに発生するもの」をいいます。「名称のいかんにかかわらず，右に該当しないものは臨時に支払われた賃金とはみなさないこと」（昭22.9.13発基17号）とされており，具体的には，私傷病手当，加療見舞金，退職金がこれに該当します。

⑹　除外賃金になる「１カ月を超える期間ごとに支払われる賃金」とは

　除外賃金になる「１カ月を超える期間ごとに支払われる賃金」には，いわゆる賞与と，これに準ずるものとして次の３種類の賃金があります。

①　１カ月を超える期間の出勤成績によって支給される精勤手当

②　１カ月を超える一定期間の継続勤務に対して支給される勤続手当

③　１カ月を超える期間にわたる事由によって算定される奨励加給または能率手当

　これらの賃金は賞与に準ずる性格を有し，１カ月以内の期間では支給額の決定基礎となるべき労働者の勤務成績等を判定するのに短期すぎる事情もありうると認められるため，毎月払い，および一定期日払いの原則の適用が除外されているものです。したがって，単に毎月払いを回避する目的で「精勤手当」と名付けているものなど，これら以外の賃金は，１カ月を超える期間ごとに支払うことはできないため，割増賃金の計算にあたってもその算定基礎から除外することはできません。

第4章
年5日の年次有給休暇についての
使用者の時季指定の義務付け（労基法）

——年5日以上取得させる仕組みを導入

【目　次】
Ⅰ　平成30年改正法規定の内容
Ⅱ　労基法改正に対応した年休に関する就業規則の規定例
Ⅲ　年次有給休暇の取得要件，日数
Ⅳ　年休の計画的付与・時間単位付与制度
Ⅴ　年休付与の運用ポイント

Ⅰ　平成30年改正法規定の内容
—1年5日の年休について使用者の時季指定の義務付けとは

1. 平成30年改正法規定のポイントは

　1年間に10日以上の年次有給休暇（以下「年休」と略す）を取得できる労働者については，使用者は，毎年，そのうち5日の年休について時季を指定して取得させなければならないことになります（改正労基法39条7項・8項，平成31年4月1日施行）。

第4章　年5日の年次有給休暇についての使用者の時季指定の義務付け（労基法）　**57**

２．使用者の年休時季指定権新設のねらいは

平成22年6月に閣議決定された「新成長戦略」では，年休の取得率を2020年までに70%にすることが政府目標とされています。

しかし，平成26年現在の取得率は48.8%で，平成12年以降は50%を切る水準で推移しています（平成26年「就労条件総合調査」）。また，正社員の約16%が年休を1年間に1日も取得していないという調査結果も示されています。

このような状況にあることから，年休の取得をすすめるため，使用者に，従業員に対して年休取得の時季を指定して与えることを義務付けることとしたものです。

３．労基法改正による使用者の年休時季指定権とは

改正労基法では，1日も取得していない従業員などの年休の取得率を向上させるため，1年間に10日以上の年休が付与（前年からの繰り越し分を除く）されている労働者に対し，そのうちの5日間については使用者が時季を定めて与えなければならないとされています（改正法39条7項）。

ただし，労働者の時季指定や計画的付与制度によって年休を与えた場合は，その日数が使用者が時季を指定しなければならない5日間から除かれることとなります（改正法39条8項）。例えば，5日間の年休のうち，計画的付与制度によって2日間の年休を与えた場合は，残りの3日間が使用者に時季指定により与える義務のある年休日数となります。

また，改正法では使用者が上記の規定にもとづき年休を与える場合は，あらかじめ，労働者に対して時季に関する意見を聴取し，聴取した意見を尊重するよう努めることを省令に定めることとされています。

さらに，各労働者の取得状況を把握するため，使用者に「年休管理簿」を作成することを義務付けることを，省令で定めることとされています。

また，経過措置により，改正法の施行日（平成31年（2019年）4月1日）以降のその会社の年休の基準日から改正法が適用されることとなる見込みです。

58　第1部　平成30年改正労働基準法等の改正内容と実務対応

Ⅱ　労基法改正に対応した年休に関する就業規則の規定例

　労基法改正により新設される「使用者の年休時季指定権」の規定を盛り込んだ就業規則の規定例は，下記のとおりです。

【規定例3】就業規則の年次有給休暇に関する規定例
（アンダーラインが改正部分）

（年次有給休暇）

第○○条　1年間（採用当初は6カ月間）の所定労働日数の8割以上出勤した従業員に対しては，次の1年間において，勤続年数に応じ，別表（60頁図表1－28）のとおりに掲げる日数の年次有給休暇（以下「年休」という。）を付与する。

2　年休は，労使協定の定めるところにより1日又は1時間単位で取得することができる。ただし，1時間単位で取得することができるのは，1年間について5日分までとする。

> **コメント**
> 　平成22年改正労基法により，「年休の時間単位付与」について上述のように取り扱うことができます。

3　年休を取得しようとする従業員は，所定の手続きにより，会社に事前に届け出るものとする。ただし，従業員の指定する日に年休をとらせることが事業の正常な運営に支障があると認められるときは，会社は従業員が年休に指定した日を変更することがある。

4　前項の規定にかかわらず，会社が労働組合（または従業員の過半数代表者）と締結した労使協定により年休を計画的に付与することとした場合においては，その協定の定めるところにより同年休を付与するものとする。

5　従業員は，その保有する年休のうち前項の労使協定に係る部分については，その協定の定めるところにより取得しなければならない。

第4章　年5日の年次有給休暇についての使用者の時季指定の義務付け（労基法）　59

> **コメント**
> 　4項および5項は，年休の計画的付与制度を実施する場合の規定です。

6　その1年間に取得することが認められている年休の全部又は一部を取得しな
　かった場合は，その残日数をその翌年1年間に限り繰り越して取得することが
　できる。
7　会社は，その1年間の年休の付与日数（前年からの繰越し日数を除く。）が10
　日以上の従業員に対し，年休のうち5日については，1年以内の期間に時季を
　定めることにより与えるものとする。
　　ただし，5日のうち，従業員の時季指定，または計画的付与制度により年休
　を与えた場合は，その与えた日数分については，会社は時季を定めることによ
　り与えることを要しないものとする。

> **コメント**
> 　第7項は，平成30年改正労基法（平成31年4月1日施行）にもとづき追加
> して定めるものです。

（注）アンダーラインのあるのは，平成30年労基法改正に伴う改正部分

Ⅲ　年次有給休暇の取得要件，日数

【1】年次有給休暇の取得要件，取得日数は

1．年次有給休暇の取得要件は

　労基法に定める年次有給休暇（以下「年休」といいます）を請求できるのは，
①6カ月間以上継続勤務し，かつ，②全労働日の8割以上出勤した，労働者で
す（労基法39条1項～3項）。

2．年休の付与日数は

　入社後 6 カ月間を経過していない従業員には，労基法にもとづく年休を与える必要はありません。入社後 6 カ月を経過した従業員には，その 6 カ月間の出勤率が 8 割以上である場合には，10労働日の年休を与えなければなりません。

　入社後 1 年 6 カ月間を経過し，その前 1 年間の出勤率が 8 割以上であれば，年休は11労働日です。勤続 2 年 6 カ月で12労働日です。勤続 3 年 6 カ月からは，毎年，年休日数が 2 日ずつ加算されます。 6 年 6 カ月継続勤務した場合には，年休は20労働日となり，それ以降は同じ20労働日です。以上のことをまとめると図表 1 － 28のとおりです。

　ただし，その前 1 年間の出勤率が全労働日の 8 割に満たない場合は，その後 1 年間の年休は与えられません。しかし，会社に在籍していれば，継続勤務年数として通算されます。

【図表 1 － 28】年次有給休暇の付与日数

週所定労働時間	所定労働日数		継続勤務した期間に応ずる年休の日数						
	週で定める場合	週以外で定める場合	6 カ月	1 年 6 カ月	2 年 6 カ月	3 年 6 カ月	4 年 6 カ月	5 年 6 カ月	6 年 6 カ月 以上
週30時間以上			10	11	12	14	16	18	20
週30時間未満	週 5 日 以上	年間217日 以上	10	11	12	14	16	18	20
	週 4 日	年間169 ～216日	7	8	9	10	12	13	15
	週 3 日	年間121日 ～168日	5	6	6	8	9	10	11
	週 2 日	年間73日 ～120日	3	4	4	5	6	6	7
	週 1 日	年間48日 ～72日	1	2	2	2	3	3	3

年休日数は20日が上限。 6 年 6 カ月以降は勤続年数によらず20日のまま。

第4章　年5日の年次有給休暇についての使用者の時季指定の義務付け（労基法）　61

【2】　年休の取得要件である「継続勤務期間」とは

年休は6カ月以上同一の会社に継続勤務した労働者に与えられます。

(1)　継続勤務期間とは

「継続勤務期間」とは，同じ企業のもとでの在籍期間のことです。長期療養等による休職の期間も，在籍しているので継続勤務期間として取り扱わなければなりません。

(2)　継続勤務期間の起算日は

継続勤務期間の起算日は，原則として，労働者の採用日です。しかし，労働者ごとに採用日が異なり，多数の労働者を使用する事業場では，事務的に繁雑となり，斉一的に取り扱う必要に迫られます。

しかし，労基法は最低基準を定めた法律ですので，継続勤務期間の切り捨てや四捨五入は認められません。そこで，このような場合は，切り上げるしかありません。

(3)　契約社員，有期パートタイマー，日雇いの取扱いは

有期労働契約の従業員が契約を更新された場合，これらの期間は継続勤務期間として通算されます。数日，間をおいて契約更新をしても同様です。日雇労働者（1日ごとに雇用契約を結ぶ労働者）の場合，間に働かない日がある程度あっても，他の会社で働いていなければ継続勤務期間になります。

(4)　雇用形態の切り替えは

契約社員から正社員への切り替え，定年退職者の嘱託としての再雇用等は単なる社内身分の切り替えですから，継続勤務期間として通算されます。

(5)　出向期間の取扱いは

基本的に在籍出向については継続勤務とみます。転籍出向については，出向元会社と出向従業員との雇用関係は切れますので，継続勤務とはなりませんが，

62　第1部　平成30年改正労働基準法等の改正内容と実務対応

実態として出向元会社との雇用関係が継続していると認められる場合は，継続勤務となります。

⑹　会社の合併の場合は

合併前の会社とその労働者との労働関係も，合併後の会社に引き継がれるので，勤務関係も継続します。

⑺　営業譲渡の場合は

数支店を有する企業が，一支店のみを営業譲渡した場合は，継続勤務としない特約がない限り，継続勤務として取り扱うべきです。

【3】　「全労働日の8割以上の出勤」とは

⑴　「全労働日」とは何か

労働者が年休を請求するためには，継続勤務のほかに，①6カ月継続勤務した者は，その6カ月間に，また，②1年6カ月以上継続勤務した者は，その直前1年間に，「全労働日の8割以上」出勤しなければなりません。

「全労働日」とは，就業規則等によって，労働義務の課せられている日（所定労働日）のことです。休日労働（所定休日に労働をしたもの）をしても，その日は全労働日の日数と出勤日数の双方に含まれません（図表1－29）。

⑵　「出勤したものとみなされる日」とは

全労働日（所定労働日）の「8割以上出勤したか否か」の計算にあたっては，次の①から⑤までの場合は，出勤したものとみなされます（改正労基法39条10項）。

①　業務上の負傷・疾病による療養のために休業した期間

②　労基法の規定による産前産後休業をした期間

③　育介法に規定する育児・介護休業をした期間

④　年休を取得した日

⑤　使用者の責に帰すべき事由によって休業した日

第4章　年5日の年次有給休暇についての使用者の時季指定の義務付け（労基法）　63

　なお，前記以外の休暇等（生理休暇，子の看護休暇，介護休暇，慶弔休暇その他就業規則に定められた休暇）を取得した日については，出勤したものとはみなされません。

(3)　全労働日の8割未満の出勤の場合の取扱いは

　全所定労働日の8割未満の出勤日数であった場合には，それ以降1年間の現実の年休は与えられません。しかし，組織に在籍していれば，継続勤務年数としては通算されます。

【図表1－29】出勤率の計算のしかた

次の期間は，出勤したものとみなされます。
・業務上の負傷・疾病の療養のために休業した期間
・労基法の規定による産前産後休業をした期間
・育介法に規定する育児・介護休業をした期間
・年休を取得した日
・使用者の責に帰すべき理由によって休業した日

$$\frac{出勤日数}{全労働日（所定労働日数）} \times 100 = 8割以上 \rightarrow 年休発生$$

① 休日労働した日は，全労働日（所定労働日数）と出勤日数の双方に含めない
② 生理休暇，子の看護休暇・介護休暇等の取得日は，出勤日とはみなされない

【4】　使用者の年休付与の時季変更権とは

(1)　労働者の年休の請求のしかたは

　年休は，労働者が休暇をとる前に，とりたい日を指定して請求した場合に与えるものであり，休暇の時季選択権は，原則として，労働者に与えられています。したがって，労働者が具体的な時季を指定した場合には，使用者は，時季変更権を行使する場合を除いて，その指定された時季に年休を付与しなければなりません（労基法39条5項）。

(2) 使用者の年休付与の時季変更権とは

使用者は，年休を，原則として，労働者の請求する時季に与えなければなりません。しかし，それが事業の正常な運営を妨げる場合には，他の時季に変更することができます（労基法39条5項）。

これが，「使用者の時季変更権」と呼ばれるものです。問題は，どのようなケースが「事業の正常な運営を妨げる場合」に該当するか否かです。この点について裁判所は，労働者の所属する事業場を基準として，事業の規模，内容，その労働者の担当する作業の内容，性質，作業の繁閑，代替者の配置の難易，労働慣行等諸般の事情を考慮して客観的に判断すべきであるとしています。

つまり，その労働者の年休予定日の労働が，課や係の業務など相当な単位の運営にとって不可欠であり，同時に代替要員を確保するのが困難であることが必要です。

例えば，風邪などで多数欠勤していたり，同時に多数の従業員から休暇申出がある場合，年休を請求した従業員が他の人で代わりができない業務の遂行を命じられていた場合などが該当します。

単に業務が繁忙であるという場合，使用者として通常の配慮をすれば代替者を確保して勤務割を変更することが客観的に可能である場合などは該当しません。そして，使用者は，時季を変更する場合は，年休の時季変更をした事由消滅後可能なかぎり，すみやかに年休を与えなければなりません。

【5】 当日朝の年休請求，欠勤の年休振替えは認められるか

労基法の規定では，年休は従業員が事前に使用者に対して時季を指定して請求し，使用者が時季変更権を行使せず，その日に取得することを認めた場合に取得できるものです。

つまり，当日朝の年休請求や，欠勤後，従業員から年休に振り替えたいと求めてきても，会社に応じる労基法上の義務はありません。ただし，会社が振り替えを認めても，労基法違反とまではいえません。

第4章　年5日の年次有給休暇についての使用者の時季指定の義務付け（労基法）　65

Ⅳ 年休の計画的付与・時間単位付与制度

【1】 年休の計画的付与とは

1. 年休の計画的付与とは

　労基法にもとづき，各従業員がその年に取得できる年休のうち「5日を超える日数分」については，会社が日を指定し，その日に年休を付与することができます。これを「年休の計画的付与」といいます。例えば，取得できる年休が15日ある従業員については，5日を除いた残りの10日分が計画的付与の対象となります。「5日分」については，従業員の個人的事由による取得のため留保しておかなければなりません。年休の計画的付与を実施するか否かは，会社の自由です（労基法39条6項）。

2. 年休の計画的付与のいろいろな方式

　年休の計画的付与の方式には，次の3つが考えられます。

⑴ 一斉付与方式

　これは，その事業場を特定の日に休業とし，全従業員に対し同一の日に年休を与えるものです。この方式は，流れ作業の工場などに向いています。この方式の場合，事業場全体を休業とするので，5日を超える年休がない従業員も休ませなければなりません。このような者に対しては，①会社独自の特別の有給休暇を与える，または，②平均賃金の60％以上の「休業手当」を支払う（労基法26条）等の措置をとることが必要です。

⑵ グループ別付与方式

　これは，課，係などの従業員を2つあるいはそれ以上のグループに分け，交替で年休を与えるものです。例えば計画年休を，

66   第1部　平成30年改正労働基準法等の改正内容と実務対応

- Aグループ……7月21日～24日
- Bグループ……8月1日～4日
- Cグループ……8月11日～14日

の4日間ずつ付与するといった方式です。

(3)　個人別付与方式

これは，会社側が個人別に従業員の年休付与計画を作成し，付与するものです。

例えば，次のような形です。

- 山田　一男……7月20日，21日
- 青山みどり……7月22日，23日
- 田中　三郎……7月24日，26日
- 木村みち子……8月1日，2日

【2】　年休の計画的付与の手続きは

1．労使協定の結び方は

年休の計画的付与を実施する場合には，あらかじめ，次の事項について従業員の過半数代表者と労使協定を結ぶことが必要です（労基法39条6項）。

①　一斉付与方式………具体的な年休の付与日
②　グループ別付与方式……班別の年休の付与日
③　個人別付与方式……計画表を作成する期間，手続き

この労使協定は事業場ごとに結ばなくてはなりません。また，この協定は，労基署長に届け出る必要はありません。労基監督官のその事業場への立入調査の際にこの労使協定の提示を求められた場合には提示できるように，その事業場に保持しておいてください

年休は，もともと従業員の側で月日を指定して取得する権利（時季指定権）があるものです。

しかし，労使協定が結ばれ，計画的付与の対象となった年休については，従

第4章 年5日の年次有給休暇についての使用者の時季指定の義務付け（労基法）　**67**

業員のこの権利は失われます。従業員は労使協定で定められたところにより年休をとることとなります。

2．労使協定のモデル例は

それぞれの付与方式ごとの労使協定のモデル例は規定例4～6のとおりです。

(1)　一斉付与方式の場合

【規定例4】年次有給休暇の計画的付与に関する労使協定例（一斉付与方式）

　　○○商事株式会社と○○商事労働組合とは，標記に関して次のとおり協定する。

1　当社の本社に勤務する従業員が有する平成○○年度の年次有給休暇のうち4日分については，次の日に与えるものとする。

　　5月4日，6日，7日，8日

2　当社従業員であって，その有する年次有給休暇の日数から5日を差引いた残日数が「4日」に満たないものについては，その不足する日数の限度で，第1項に掲げる日に特別有給休暇を与える。

　　平成○○年○月○日

　　　　　　　　　　　　　　　　　　　　　　○○商事株式会社
　　　　　　　　　　　　　　　　　　　　　　　総務部長○○　○○
　　　　　　　　　　　　　　　　　　　　　　○○商事労働組合
　　　　　　　　　　　　　　　　　　　　　　　執行委員長○○　○○

68　第1部　平成30年改正労働基準法等の改正内容と実務対応

⑵　グループ別付与方式の場合

【規定例5】年次有給休暇の計画的付与に関する労使協定例
（グループ別付与方式）

　　○○製作所株式会社と同製作所従業員の過半数代表者○○○○とは，標記に関し，次のとおり協定する。

1　各課において，その所属の従業員をA，B及びCの3グループに分けるものとする。

　　その調整と決定は各課長が行う。

2　各従業員が保有する平成○○年度の年次有給休暇のうち4日分については，各グループの区分に応じて，次表のとおり与えるものとする。

Aグループ	7月21日～24日
Bグループ	8月1日～4日
Cグループ	8月11日～14日

3　従業員のうち，その保有する年次有給休暇の日数から5日を差引いた日数が4日に満たないものについては，その不足する日数の限度で，第2項に掲げる日に特別有給休暇を与える。

　　平成○○年○月○日

○○製作所株式会社

人事部長○○○○

○○製作所株式会社

従業員の過半数代表者○○○○

---

(3) 個人別付与方式の場合

【規定例6】年次有給休暇の計画的付与に関する労使協定例（個人別付与方式）

　　○○販売株式会社と同社従業員の過半数代表者○○○○とは，標記に関して次のように協定する。

1　当社の従業員が保有する平成○○年度の年次有給休暇（以下「年休」と略す。）のうち，5日を超える部分については，会社が9日を限度として計画的に付与するものとする。

　　なお，5日を超える部分が9日に満たない者については，5日を超える日数のすべてについて計画的に付与するものとする。

　　また，5日を超える日数が1日もない者については，この計画的付与を行わない。

2　年休の計画的付与の期間及び日数は，次のとおりとする。

　　　　　第1回＝2月中に3日間
　　　　　第2回＝6月中に3日間
　　　　　第3回＝9月中に3日間

3　従業員の各個人別の年休付与計画表は，各回の休暇対象期間が始まる2週間前までに会社が作成し，発表する。

4　各従業員は，年休付与計画の希望表を所定様式により，各回の休暇対象期間の始まる1カ月前までに，所属課長に提出しなければならない。

5　各課長は，第4項の希望表に基づき，各従業員の休暇日を調整し，決定する。なお，特定の日に休暇希望者が集中することなどにより，業務の円滑な遂行に支障が生ずる恐れがあると判断するときは，原則として，各係ごとに，勤続年数の長い者に優先的に付与する方針で調整するものとする。

6　会社は，業務遂行上やむを得ない事由が生じたときには，発表した計画表を変更することがある。

平成○○年○月○日

　　　　　　　　　　　　　　　　　　　　○○販売株式会社
　　　　　　　　　　　　　　　　　　　　取締役社長○○○○
　　　　　　　　　　　　　　　　　　　　○○販売株式会社
　　　　　　　　　　　　　　　　　　　　従業員の過半数代表者○○○○

70   第1部　平成30年改正労働基準法等の改正内容と実務対応

3．就業規則のモデル例は

　年休の計画的付与を実施する場合には，あらかじめ，これについて就業規則に規定を設けておかなければなりません。規定例は下記のとおりです。

【規定例7】年次有給休暇の計画的付与に関する就業規則の規定例

（年次有給休暇）
第○○条　従業員は，年次有給休暇を取得しようとするときは，所定の手続きにより，事前に請求しなければならない。
2　会社は，前項の規定により請求された月日に年次有給休暇を付与することが事業の正常な運営を妨げると認められる場合においては，これを他の月日に変更することができる。
3　第1項及び前項の規定にかかわらず，会社が労働組合との協定により年次有給休暇を計画的に付与することとした場合においては，その協定の定めるところにより同休暇を付与するものとする。
4　従業員は，その保有する年次有給休暇のうち前項の労使協定に係る部分については，その協定の定めるところにより取得しなければならない。

【3】年5日を超える年休がない従業員の一斉付与時の取扱いは

　5日を超える年休がない従業員には，会社独自の特別有給休暇を与えるか，平均賃金の60%以上の「休業手当」を支払う等の措置をとるしかありません。

CHECK

□会社は，従業員に対して業務にさしつかえない日に年休をとらせる工夫をしているか
□会社は，従業員の過半数代表者との話はついているか
⇒年休の計画的付与であれば，業務へのさしつかえが少ない。

第4章　年5日の年次有給休暇についての使用者の時季指定の義務付け（労基法）　　71

【4】　年休の時間単位付与とその手続きは

1．年休の時間単位付与とは

　平成21年改正労基法により，平成22年4月1日から，使用者がその事業場の従業員の過半数代表者と労使協定を結べば，年休を1年間に5日分まで，1時間単位で与えることができるようになりました。年休の時間単位付与を実施するか否かは，各会社の自由です（労基法39条4項）。

2．年休の時間単位付与に関する労使協定例は

　年休の時間単位付与を実施する場合，労使協定で定めなければならない事項は図表1-30，労使協定のモデル例は，規定例8のとおりです。

【図表1-30】年休の時間単位付与の内容は労使協定で定める

1　年休の時間単位付与の対象労働者の範囲
　→事業の正常な運営が妨げられる場合は，対象外にできる
2　年休の時間単位付与の日数
　→前年度からの繰越しがあっても，繰越分を含めて5日以内
　※1日の所定労働時間が7時間30分で，5日分とする場合，
　　①端数の30分を切り上げて，1日8時間として計算する
　　②8時間×5日分＝40時間
　→40時間分の時間単位年休を与える
3　時間単位年休1日の時間数
　→所定労働時間をもとに1日分の年次有給休暇に対応する時間数を定める。
　　1時間に満たない端数がある場合は，時間単位に切り上げて計算する。
4　1時間以外の単位とする場合は，その時間数
　→例えば，2時間単位としてもよい

72　第1部　平成30年改正労働基準法等の改正内容と実務対応

【規定例8】年次有給休暇の時間単位付与に関する労使協定（例）

　　○○○○株式会社○○事業所（以下「甲」という。）と同事業所従業員の過半数を代表する者○○　○○（以下「乙」という。）は，年次有給休暇の時間単位付与に関し，次のとおり協定する。

（対象者の範囲）
第1条　甲は，甲の従業員で年次有給休暇（以下「年休」と略す。）の請求権を
　　　有するすべての者に対して，1年間につき5日分について，1時間単位で年休
　　　を与える。
（時間の計算等）
第2条　1日の労働時間は，8時間分として取り扱う。したがって，1年度の総
　　　労働時間のうち40時間分については，1時間単位で年休を与える。
（半日休暇）
第3条　従業員が，労働日の午前または午後の半日について年休を取得した場合
　　　は，0.5日分（4時間分）とみなす。
（端数計算）
第4条　従業員が，1時間未満の年休を取得した場合は，1時間とみなす。
（本協定の有効期間）
第5条　本協定の有効期間は，平成○○年○月○日から平成○○年○月○日まで
　　　とする。ただし，有効期間満了の1カ月までに甲，乙いずれからも申出がない
　　　ときには，さらに1年間有効期間を延長するものとし，以降も同様とする。

平成○○年○月○日
　　（甲）○○○○株式会社

　　　　　　　　　　　　　　　　　　　　専務取締役　○○　○○　㊞

　　（乙）同社○○事業所

　　　　　　　　　　　　　　　　従業員の過半数代表者　○○　○○　㊞

3．年休の時間単位付与に関する就業規則例は

　年休についての就業規則例は規定例9のとおりです。年休付与に関する使用者と従業員の権利，義務の根拠となるのは，この就業規則の規定です。年休の時間単位付与に関する規定例は，規定例9の3項のとおりです。

第４章　年５日の年次有給休暇についての使用者の時季指定の義務付け（労基法）　　73

【規定例９】年次有給休暇に関する就業規則の規定例

（年次有給休暇）

第○○条　１年間（採用当初は６カ月間）の所定労働日数の８割以上出勤した従
　　業員に対しては，次の１年間において，勤続年数に応じ，次表に掲げる日数の
　　年次有給休暇（以下「年休」という。）を与える。

２　年休算定にあたっては，基準日は毎年の４月１日とする。

３　年休は，労使協定の定めるところにより１日又は１時間単位でとることがで
　　きる。１時間単位でとることができるのは，１年間について５日分までとする。

４　年休をとろうとする者は，所定の手続きにより，会社に事前に届け出るもの
　　とする。ただし，従業員の指定した日に年休をとらせることが事業の正常な運
　　営に支障があると認められるときは，従業員の指定した日を変更することがあ
　　る。

５　当該年度の年休の全部または一部を取得しなかった場合は，その残日数を翌
　　年度に限り繰り越すことができる。

Ⅴ　年休付与の運用ポイント

【１】　新規学卒採用者の年休先取りとは

　厚生労働省通達では，新規学卒採用者（４月１日入社）について，年休の先
取りを認めることにより，年休計算の基準日の統一を容易にしています。具体
的には，図表１－31のとおりです。

【図表1－31】多くの企業が実践する「先取りによる基準日の統一」

企業の多くは，年休計算の基準日を4月1日としている。これは新規学卒者の採用が，4月1日に多いこと，4月1日が年度初めであることによる。

しかし，この場合，採用日（平成30年4月1日）から6カ月を経過した平成30年10月1日から31年9月末日までの間に年休が10日間与えられることになり，計算が毎年基準日（4月1日）と半年間ずつずれる。

このため，厚生労働省通達では，4月1日を基準日として統一するにあたって，採用されたときから，年休を先取りできるようにして取扱いを簡単にしている。

これにより，例えば，平成30年4月1日に採用された従業員の場合，本来なら採用日から6カ月経過後，1年間に与えられる10日間の年休を，採用直後の半年間に先取りできる。

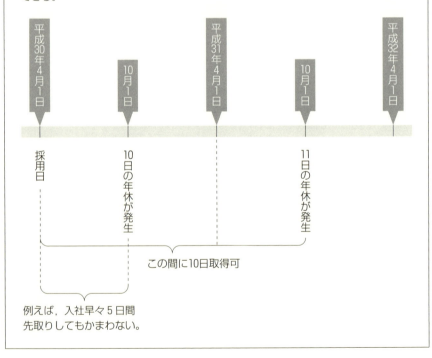

第4章　年5日の年次有給休暇についての使用者の時季指定の義務付け（労基法）　　**75**

【2】　退職・解雇予定日までの年休の取得等は

1．退職・解雇予定日までの年休の取得は

　労基法により，使用者は，従業員を解雇する場合は，その解雇予告を解雇予定日の30日以上前に行わなければなりません。解雇予告をされた労働者も，解雇される日までは会社との雇用関係が継続しているわけですから，使用者はその労働者の有する休暇日数の範囲内で年次有給休暇を与えなければなりません。

　その年休の請求が「事業の正常な運営を妨げる」場合に，時季変更権が行使できるかという問題が残りますが，この場合には他の変更すべき時季がないので，時季の変更は労働者の年休をとる権利を奪うことになるので許されません。

　退職願いを提出した後，退職日予定までの勤務日の間に年休の残日数をまとめてとりたいと請求した場合も同様です。なお，年休の権利は雇用関係の存在を前提としているので，労働者が年休の全部を行使する前に退職し，あるいは解雇された場合，または事業が廃止された場合には，その効力が発生するまでの間に（解雇予告期間中も含む）行使しない限り，残りの年休請求の権利は当然消滅します。

2．年休の買い上げは認められるか

　従業員の年休の残日数を会社に買い上げてもらうことは違法であり，認められません。

【3】　会社の年休付与の運用ポイントは

(1)　年休の利用目的による制限は

　年休取得日をどのように利用するかは，労働者の自由です。使用者は労働者の使用目的によって時季を変更したり，しなかったりすることはできません。

76　第1部　平成30年改正労働基準法等の改正内容と実務対応

⑵　年休の有効期間は

　労基法により，年休は，2年間取得することができます。例えば，平成30年中に新たに10日間の年休が与えられ，6日間取得すると，残りの4日間は平成31年末までは取得できます。平成31年中に新たに11日間の年休が与えられますから，前年の残り（4日間）とあわせて15日分を平成31年中に取得できます（図表1－32）。

⑶　法定外年休，失効年休は取扱い自由

　労基法で定められている年休（法定年休）については，前記のように規制があります。しかし，労基法の規定を上回る日数を会社独自の特別有給休暇として与える「法定外年休」や法定の年休のうち時効により請求権がなくなった「失効年休」については，会社として任意に取り扱うことができます。ただし，どのように取り扱うかを，あらかじめ就業規則に定めておくことが必要です。

⑷　年休の半日単位付与は

　労使の合意のもと，年休を半日単位で与え，0.5日分として計算すること，つまり「半日休暇」は労基法上さしつかえありません。

⑸　年休期間中の給与支払額は

　労働者が労基法にもとづく年休をとった期間については，就業規則等で定めるところにより，①平均賃金，②所定労働時間の労働をした場合に支払われる通常の賃金のうちのいずれかを支払わなければなりません。ただし，③労使協定により，健康保険法第3条に定める標準報酬日額に相当する金額を支払う旨を定めたときは，これによらなければなりません（労基法39条6項）。

⑹　年休取得を理由とする不利益取扱いの禁止とは

　労基法の規定により，使用者は，年休の取得を理由に労働者に対して賃金の減額その他不利益な取扱いをしてはなりません（労基法附則136条）。

第4章　年5日の年次有給休暇についての使用者の時季指定の義務付け（労基法）

【図表1－32】年休請求権は2年間で

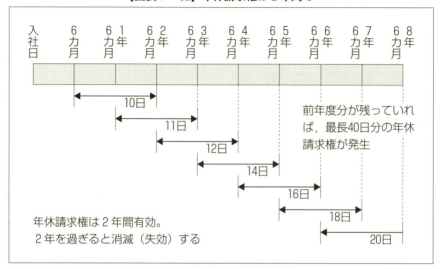

78　第1部　平成30年改正労働基準法等の改正内容と実務対応

第5章
高度プロフェッショナル制度の創設
（労基法，安衛法）

【目　次】
Ⅰ　高度プロフェッショナル制度（特定高度専門業務・成果型労働制）とは
Ⅱ　高度プロ社員に対する労働時間・割増賃金支払義務などの法規定の適用除外は
Ⅲ　長時間労働の高度プロ社員に対する面接指導の義務付け（安衛法）
Ⅳ　高度プロ制度実施のための就業規則，労使委員会決議のモデル例

Ⅰ　高度プロフェッショナル制度（特定高度専門業務・成果型労働制）とは

【1】　創設された高度プロフェッショナル制度（特定高度専門業務・成果型労働制）のあらましは

①　職務の範囲が明確で一定の年収要件（少なくとも1,075万円以上）を満たす労働者が，高度な専門的知識を必要とする等の業務に従事する場合に，健康確保措置等を講じること，本人の同意や労使委員会の委員の5分の4以上の多数による決議などを要件として，労基法の労働時間，休日，時間外・休日・深夜労働割増賃金等の規定が適用除外となります（改正労基法41条の2）。

第5章　高度プロフェッショナル制度の創設（労基法，安衛法）　**79**

② 制度の対象業務は，次のとおりです。

ⓐ 金融商品の開発，ディーリング（売買）業務，およびアナリスト（投資の調査分析）の業務

ⓑ コンサルタント（相談）の業務

③ 制度の対象者について，在社時間等が一定時間を超える場合には，事業主は，その労働者に対し，必ず医師による面接指導を実施しなければならないこととなりました（安衛法の改正）。

（以上，平成31年（2019年）4月1日施行）

【2】 高度プロフェッショナル制度創設のねらいは

平成27年3月に，労働政策審議会から厚生労働大臣に提出され法案要綱の基となった建議（以下「建議」と略す）では，この制度を創設する目的について次のように述べています。

「時間ではなく成果で評価される働き方を希望する労働者のニーズに応え，その意欲や能力を十分に発揮できるようにするため，一定の年収要件を満たし，職務の範囲が明確で高度な職業能力を有する労働者を対象として，長時間労働を防止するための措置を講じつつ，時間外・休日労働協定の締結や時間外・休日・深夜の割増賃金の支払義務等の適用を除外した労働時間制度の新たな選択肢として，特定高度専門業務・成果型労働制（高度プロフェッショナル制度）を設けることが適当である。」

【3】 高度プロフェッショナル制度の実施要件は

1．高度プロフェッショナル制度の実施要件は

1）高度プロフェッショナル制度というのは，

① その事業場に労使委員会（労働条件に関する事項を調査審議し，事業主に意見を述べることを目的とする委員会）が設置されており，

② その事業場の労使委員会で，委員の5分の4以上の多数で，

80　第1部　平成30年改正労働基準法等の改正内容と実務対応

③　一定日数の休日の付与，法定の健康確保措置の実施などの事項について決議し，かつ，

④　使用者がその決議を所轄の労基署長に届け出て，

⑤　対象労働者の同意を得たうえで，

⑥　対象業務に就かせた場合で，

⑦　健康確保措置等として実施した内容を労基署に届け出た場合に，

⑧　労基法で定めている労働時間，時間外・休日・深夜労働割増賃金の法規制が適用除外される

という制度です（改正労基法41条の2）。

2）同意をして高度プロ制度の対象となった従業員が，その後，制度対象から外れたいときは，会社側に申し出て外れることができます。

　対象労働者の雇用形態は，無期雇用（正社員等）でも，有期雇用（契約社員等）でもさしつかえありません。有期雇用の場合，1回の契約期間は，最長5年間まで認められます（改正労基法14条1項1号）。

2．制度導入時の労使委員会決議とは

　労使委員会の決議を制度の実施要件にするという方法は，すでに「企画業務型裁量労働制」で用いられているものです。

　この制度については，後記第6章（95頁以降）をご覧ください。

3．高度プロ制度導入のための労使委員会決議事項は

　高度プロフェッショナル制度を導入する場合に，導入事業場が，事前に，労使委員会で決議しなければならない事項は，図表1−33のとおりです。

第5章　高度プロフェッショナル制度の創設（労基法，安衛法）　81

【図表1－33】高度プロフェッショナル制度導入にあたり労使委員会で決議しなければならない事項

① 制度の対象となる業務の範囲

② 制度の対象となる労働者の範囲

③ 制度の対象労働者の健康管理時間を使用者が把握することと，その把握方法

④ 制度の対象労働者に1年間を通じ104日以上，かつ，4週間を通じ4日以上の休日を与えること

⑤ 以下の健康確保措置のうちのいずれかの措置を講じること

　a　勤務間インターバル（始業から24時間経過までの間に，省令で定める時間以上の継続した休息時間の確保）を行い，かつ，1カ月の深夜業の回数を省令で定める回数以内とすること

　b　健康管理時間を，1カ月または3カ月について，それぞれ省令で定める時間を超えない範囲とすること

　c　1年に1回以上の継続した2週間（労働者が請求した場合においては，1年に2回以上の継続した1週間）（使用者がその期間において，年次有給休暇を与えたときは，その有給休暇を与えた日を除く。）について，休日を与えること

　d　健康管理時間の状況その他の事項が労働者の健康の保持を考慮して省令で定める要件に該当する労働者に健康診断（省令で定める項目を含むものに限る。）を実施すること

⑥ 健康管理時間の状況に応じた健康確保措置の実施

⑦ 対象労働者が高プロへの同意を撤回する場合の手続

⑧ 苦情処理措置の実施

⑨ 制度の対象労働者が同意しなかった場合における不利益取扱いの禁止

⑩ その他省令で定める事項

(1)　制度対象となる業務は

　この制度の対象となる業務については，改正労基法では，「高度の専門的知識等を必要とし，業務の性質上成果と時間の関連性が薄いと認められるものとして，省令で定める業務」となっています（改正労基法41条の2第1項1号）。

　具体的な業務内容は改正労基法成立後に省令（労基法施行規則等のこと。以下同じ）で定められますが，建議では，図表1－34の業務が該当するとされています。

82 第1部 平成30年改正労働基準法等の改正内容と実務対応

【図表1－34】高度プロフェッショナル制度の対象業務

① 金融商品の開発業務，ディーリング（売買）の業務，アナリスト（投資分析）の業務
② コンサルタント業務など

(2) 制度対象となる労働者は—年収要件は平均年収の3倍程度を上回る水準に

改正労基法では，この制度の対象となる労働者について，対象業務（図表1－34）に従事する図表1－35の2点に該当する労働者としています。

【図表1－35】制度対象となる労働者の要件

① その労働者と使用者との間で，書面などの方法によって，職務範囲が明確に定められていること
② その労働者に確実に支払われることが見込まれる年収が，労働者の平均給与額の3倍を相当程度上回る水準として省令で定める金額以上であること

図表1－35の②の「年収要件」は厚生労働省発表の毎月勤労統計調査における毎月決まって支給する給与の額の平均を基準に，省令で定められることとなっています。毎月勤労統計調査における，平成26年1年間の平均年収は313万2,348円で，この金額を3倍すると939万7,044円となります。

また，改正労基法のもととなった建議では，「労基法第14条に基づく告示の内容である1,075万円を参考に規定することが適当」とされていることから，年収要件は1,075万円程度になると予想されます。

(3) 今後の対象労働者の拡大は容易

この制度の対象となる業務と労働者の年収要件は，いずれも前記(1)，(2)のように省令で定めることとされています。

この省令は厚生労働省のみで改正できるため，対象労働者の範囲の拡大はきわめて容易にできることとなります。

第5章　高度プロフェッショナル制度の創設（労基法，安衛法）　**83**

(4)　健康管理時間の把握義務とは

　高度プロフェッショナル制度においては，労基法の労働時間・割増賃金に関する規定が適用除外になるため，割増賃金を算定する基礎となる「実労働時間」を把握する必要はなくなります。

　しかし，過重労働を防ぐ観点から，使用者に次の「健康管理時間」の把握義務が課されています。

> 健康管理時間（制度対象労働者が事業場内にいた時間と事業場外で労働した時間）

　この「健康管理時間の把握」を実施しない場合は，高度プロフェッショナル制度の適用がなくなるとされています。

　この健康管理時間の把握方法は省令で定めることとされています。建議では，「原則タイムカードなどの客観的な方法により把握し，事業場外の労働に限り自己申告を認めることが適当である」とされています。

　また，改正労基法では，健康管理時間のうちの「事業場内にいた時間」は，労使委員会の決議により「休憩時間などの労働時間以外の時間を除くこと」とした場合は，労働時間以外の時間を除いた時間にすることができるとされています。

(5)　健康確保措置の実施義務とは

　改正労基法では，制度の対象となる労働者に対して図表1-33の⑤のaからdまでの措置のうち，いずれかの措置を実施することを労使委員会で決議し，その措置を講じることを義務付けています。

　健康確保措置の実施についても健康管理時間の把握と同様に，使用者が実際に措置を講じていない場合は制度が適用されません。「健康管理時間の把握」と「健康確保措置の実施」は，制度適用のための要件となっています。

　図表1-33の⑤のa～dの省令で定めることとなっている「休息時間」や「深夜業の回数」，「1カ月または3カ月の労働時間の上限」については，建議においても「改めて審議会で検討の上，省令で規定する」とされていて，現在具

体的な数値は示されていません。

(6) 健康管理時間に応じた健康確保措置の実施とは

「把握した健康管理時間に応じた健康確保措置の実施」についても，労使委員会の決議事項とされています。

改正労基法では，「年次有給休暇を除く有給休暇の付与」や「健康診断の実施」が健康確保措置として掲げられています。具体的な内容は，改正労基法成立後に省令で定められることとなっています。

(7) その他の決議事項等は

改正労基法では労使委員会における「その他の決議事項」として，「苦情処理措置の実施」，「同意しなかった労働者に対する不利益取扱いの禁止」，「その他省令で定める事項」が掲げられています。

4．労基署への届出・報告義務は

高度プロ制度を実施する事業場は，前記3．の決議の労基署への届出に加え，健康確保措置の実施状況と健康管理時間に応じた健康確保措置の実施状況を労基署に報告することが義務付けられています。実施状況の報告方法は，改正労基法成立後に省令で定められることになっています。建議においては，6カ月後の報告とその後の実施状況に関する書類の保存を義務付けることが適当とされています。

Ⅱ 高度プロ社員に対する労働時間・割増賃金支払義務等の法規定の適用除外は

1．高度プロフェッショナル制度で適用除外になる労基法の規定は

高度プロフェッショナル制度の適用対象従業員については，労基法第4章の法定労働時間，休憩時間，法定休日，割増賃金の規定が適用されなくなります。

第5章　高度プロフェッショナル制度の創設（労基法，安衛法）　　85

具体的に適用除外になる法規定とその効果は，図表1－36のとおりです。

【図表1－36】高度プロフェッショナル制度により適用除外される
労基法の規定と効果

1　適用除外される労基法の規定	2　適用除外に伴う効果
①　労働時間の1日8時間，1週40時間の限度（32条）	1日，1週に何時間働かせても労基法違反にならない。
②　休憩時間の付与義務（34条）	休憩時間を与えなくてよい。
③　休日を1週間に1日与える義務（35条）	休日を与えなくてよい。
④　労基署への「時間外・休日労働協定の届出義務」（36条）	時間外・休日労働協定を届け出なくてよい。
⑤　時間外・休日・深夜労働の割増賃金の支払義務（37条）	時間外・休日・深夜労働を行わせても割増賃金を支払う必要がない。

なお，年次有給休暇の付与義務規定（労基法39条）は適用除外となっていないので，他の労働者と同様に与える必要があります。

2．管理監督者等と高度プロ社員との適用除外規定の範囲の違いは

両者の違いは，図表1－37のとおりです。

従来から労基法で，41条に規定する管理監督者，機密事務取扱者，農業，畜産・養蚕・水産業，監視・断続的労働従事者（詳しくは第2部188頁参照）について，図表1－37のうち深夜労働の割増賃金以外の規定は適用除外となっています。

しかし，高度プロ制度対象社員の場合は，深夜労働の割増賃金支払義務の規定についても適用除外になっています。

86　第1部　平成30年改正労働基準法等の改正内容と実務対応

【図表1−37】高度プロ社員と管理監督者等との割増賃金等の適用除外の範囲の違い

対象者	時間外労働 割増賃金	休日労働 割増賃金	深夜労働 割増賃金
①高度プロ制度適用社員	○	○	○
②管理監督者，機密事務取扱者等	○	○	×

(注)　○印は労基法の労働時間等の規定が適用除外となり，割増賃金支払いが不要となるもの。

Ⅲ　長時間労働の高度プロ社員に対する面接指導の義務付け（安衛法）

(1)　事業者は，高度プロフェッショナル制度の対象労働者であって，その健康管理時間が省令で定める時間を超えるものに対し，省令で定めるところにより，医師による面接指導を行わなければなりません（改正安衛法66条の8の2）。

　　健康管理時間について，1週間あたり40時間を超えた時間が1カ月あたり100時間を超えた労働者について面接指導を実施しなければならないことを省令で定めることとされています。

(2)　(1)の労働者は，(1)の面接指導を受けなければなりません。

(3)　事業者は，(1)の面接指導の結果の記録，その面接指導の結果にもとづく必要な措置についての医師の意見の聴取，及びその必要があると認める場合の職務内容の変更，特別有給休暇（年次有給休暇を除く）の付与，健康管理時間が短縮されるようにするための配慮等の措置を講じなければなりません。

(4)　(1)，(3)の法規定に違反した事業者に対し，所要の罰則を科すことその他，所要の規定の整備が行われました。

第 5 章　高度プロフェッショナル制度の創設（労基法，安衛法）　　**87**

Ⅳ　高度プロ制度実施のための就業規則，労使委員会決議のモデル例

【1】　高度プロ制度実施のための就業規則例は

　自社の事業場で高度プロフェッショナル制度を実施する場合には，その事業場に適用される現行の就業規則の中に規定例10の規定を設け，変更後の就業規則を所轄の労基署長に届け出て，従業員に周知しなければなりません。

【規定例10】高度プロ制度についての就業規則例（試案）

（高度プロフェッショナル制度の適用）
第○○条　次の業務に従事する社員については，労働基準法第41条の2に定める高度プロフェッショナル制度を適用する。
　　①　金融商品の開発業務，ディーリングの業務，及びアナリストの業務
　　②　コンサルタントの業務
　2　本制度の適用される社員については，本就業規則の第○○条から第○○条までの労働時間，休憩時間，休日及び時間外労働・休日労働・深夜労働の割増賃金支払いの規定は適用しない。
　　　ただし，本制度の実施要件として労働基準法，労働安全衛生法等で使用者に義務づけられている休日・特別有給休暇の付与，勤務間インターバル制度の実施，深夜労働の回数制限，法定の健康診断・医師による面接指導その他の措置は講じる。
　3　本制度を実施する場合には，労働基準法第41条の2の規定による労使委員会を設置し，制度内容は，同委員会の5分の4以上の多数による決議により定めるものとする。
　4　本制度の適用される社員の賃金その他の労働条件，勤務評価の方法，健康確保措置その他については，別に「高度プロフェッショナル社員取扱規程」により定める。

88　第 1 部　平成30年改正労働基準法等の改正内容と実務対応

【2】　高度プロ制度実施のための労使委員会決議とそのモデル例は

1．労使委員会の決議が必要な事項は

　高度プロフェッショナル制度を実施する事業場で労使委員会を設け，図表 1 －33の①から⑩までの項目に関して，決議し，労基署に届け出れば，高度プロフェッショナル制度が適用され，対象労働者について時間外・休日・深夜労働の割増賃金の支払義務等の規定が適用除外となります。

　労使委員会を構成する委員の半数は対象事業場の労働者の過半数代表者に指名された者であることが必要で，決議は出席した委員の 5 分の 4 以上の合意で有効です。決議事項は，法定様式に記載して，使用者が労基署に届け出ます。

　規定例11に示す文例は，高度プロフェッショナル制度の導入に関する労使委員会の決議のモデル例です。また，労使委員会の運営規定例は，規定例12のとおりです。

2．労使委員会議事録の作成，保存，周知義務は

　さらに，労使委員会の議事録を作成，保存し，労働者に周知することも高度プロフェッショナル制度導入の要件となっています。労使委員会で決議が行われた場合，その日から起算して 6 カ月以内に 1 回，「特定高度専門業務・成果型労働制に関する報告（法定様式）」を労基署に届け出なければなりません。

第5章　高度プロフェッショナル制度の創設（労基法，安衛法）　　**89**

【規定例11】労使委員会決議例（試案）－高度プロフェッショナル制度の導入時

高度プロフェッショナル制度の導入に関する労使委員会決議

　○○株式会社本社事業場労使委員会は，高度プロフェッショナル制度の実施について，次のとおり決議する。

（対象職務）

第1条　高度プロフェッショナル制度を適用する社員の職務の範囲は，次のとおりとする。

　一　金融商品の開発，ディーリング及びアナリストの職務

　二　コンサルタントの職務

（対象社員）

第2条　高度プロフェッショナル制度を適用する社員は，前条で定める職務に常態として従事する者のうち，入社して7年目以上で，職務の等級が主事6級以上で，かつ，前年の年収が1,075万円以上である者とする（正社員就業規則第○条で定める管理監督者を除く。）。

（対象社員の事前の同意）

第3条　会社は，本制度の対象社員を対象職務に従事させる場合には，事前に，本人の書面による同意を得なければならないものとする。この同意を得るにあたっては，会社は本決議の内容，同意した場合に適用される評価制度及び賃金制度の内容，同意しなかった場合の配置及び処遇について対象社員に説明するものとする。

2　制度の対象となっている社員が書面により制度の対象から外すことを希望することを申し出た場合には，会社は制度の対象から外さなければならない。

（不同意者の取扱い）

第4条　前条第1項の場合に，同意しなかった社員に対して，同意しなかったことを理由として，処遇等で，本人に不利益な取り扱いをしてはならないものとする。

2　前条第2項の場合についても，本条第1項と同様とする。

（就業規則の労働時間等に関する規定の適用除外）

第5条　第2条に定める者のうち，第3条に基づき同意を得た者（以下「高度プロ社員」という。）については，正社員就業規則第○○条から第○○条までに定める労働時間，休憩時間，休日，深夜労働，割増賃金等に関する規定は適用しない。

（成果型勤務制度の実施）

第6条　会社は，高度プロ社員については，実労働時間ではなく，成果により評価し，賃金を支払う制度を実施する。

（健康管理時間の把握）

第7条　会社は，次の方法により高度プロ社員の健康管理時間（次の①と②の合計時間）を把握し，記録する。

　①　高度プロ社員が事業場内にいた時間（休憩時間など労働していない時間は除く。）：タイムカードで把握するものとする。

　②　高度プロ社員が事業場外で労働した時間：本制度対象社員の自己申告により把握する。

（健康確保措置の実施）

第8条　会社は，高度プロ社員の健康及び福祉の確保のため，次の措置を講じる。

　①　4週間を通じて4日以上で，かつ，1年間を通じ104日以上の所定休日を確保すること。

（健康管理時間の状況に応じた健康確保措置の実施）

第9条　会社は，高度プロ社員であってその健康管理時間が1週間当たり40時間を超える時間が1カ月当たり100時間を超える者については，医師による面接指導を行うものとする。

2　前項の高度プロ社員は，同項の面接指導を受けなければならない。

3　会社は，第1項の面接指導の結果を記録し，面接指導の結果に基づく必要な措置についての医師からの意見聴取を行うとともに，必要な職務内容の変更，特別有給休暇（年次有給休暇を除く。）の付与，健康管理時間の短縮等の措置を講ずるものとする。

（本制度の適用の中止）

第10条　前条の措置の結果，高度プロ社員に本制度を適用することがふさわしくないと認められた場合または高度プロ社員が本制度の適用の中止を申し出た場合には，会社は，その社員に本制度を適用しないものとする。

（高度プロ社員からの苦情等の処理）

第11条　高度プロ社員から会社に対して苦情等の申出があった場合には，会社は，次の手続きに従い，対応するものとする。

　一　会社は，本制度相談室を次のとおり開設する。

　　イ　場所　　　　　総務部

　　ロ　開設日時　　　毎週金曜日12：00〜13：00と17：00〜19：00

　　ハ　相談員　　　　○○○○

第5章　高度プロフェッショナル制度の創設（労基法，安衛法）　91

　二　取り扱う苦情等の範囲は，次のとおりとする。
　　イ　本制度の運用に関する全般の事項
　　ロ　高度プロ社員に適用している評価制度，これに対応する賃金制度等の処
　　　遇制度全般
　三　会社は，相談者の秘密を厳守し，プライバシーの保護を図る。
（本決議の変更）
第12条　本決議をした時点では予見することができない事情の変化が生じ，委員
　　の半数以上から労使委員会の開催の申出があった場合は，この決議の有効期間
　　の途中であっても，決議した内容を変更する等のための労使委員会を開催する
　　ものとする。
（勤務状況等の記録の保存）
第13条　会社は，高度プロ社員の勤務状況，同社員の健康と福祉保持のために講
　　じた措置，同社員からの苦情について講じた措置，本制度を適用することにつ
　　いて同社員から得た同意に関する社員ごとの記録を，本決議の有効期間の始期
　　から有効期間満了後3年間を経過する時まで保存することとする。
（評価制度・賃金制度の労使委員会への開示）
第14条　会社は，高度プロ社員に適用される評価制度，及びこれに対応する賃金
　　制度を変更する場合には，対象社員に対して事前にその内容について説明する
　　ものとする。
（定期報告の労使委員会への情報開示）
第15条　会社は，労使委員会において，高度プロ社員の勤務状況，同社員の健康
　　と福祉確保のために講じた措置，同社員からの苦情について講じた措置，労働
　　基準監督署に報告した内容等の情報を開示するものとする。
（決議の有効期間）
第16条　本決議の有効期間は，平成〇〇年〇月〇日から平成〇〇年〇月〇日まで
　　の3年間とする。

　　　　　　　　　　　　　　　　平成〇〇年〇月〇日
　　　　　　　　　　　　　　　　〇〇株式会社本社事業場労使委員会
　　　　　　　　　　　　　　　　委員　〇〇〇〇　㊞　　〇〇〇〇　㊞
　　　　　　　　　　　　　　　　　　　〇〇〇〇　㊞　　〇〇〇〇　㊞
　　　　　　　　　　　　　　　　　　　〇〇〇〇　㊞　　〇〇〇〇　㊞
　　　　　　　　　　　　　　　　　　　〇〇〇〇　㊞　　〇〇〇〇　㊞
　　　　　　　　　　　　　　　　　　　〇〇〇〇　㊞　　〇〇〇〇　㊞

92　第1部　平成30年改正労働基準法等の改正内容と実務対応

(注)　本規定の労使委員会決議例（試案）の記載内容は，関係する省令，指針，通達等が公表される前に著者が想定に基づいて作成したものです。
　　したがって，自社の事業場で高度プロフェッショナル制度を導入する際には，これらの省令等が公表されたのちに内容を確認し，同図表の記載内容を補正したうえで使用してください。規定例10も同じ。

【規定例12】労使委員会運営規程例（試案）

○○株式会社本社事業場労使委員会運営規程

第1条　本委員会は，○○株式会社本社事業場労使委員会（以下「委員会」と略す。）と称する。

第2条　本委員会は，○○株式会社本社事業場に置くものとする。

第3条　本委員会で審議する事項は，以下のとおりである。
　一　企画業務型裁量労働制に関すること
　二　1年単位の変形労働時間制に関すること
　三　高度プロフェッショナル制度に関すること
　四　その他賃金，労働時間等労働条件に関すること

第4条　労使委員会の委員は，次の10名の者により構成する。
　一　会社が指名する者　5名
　二　○○株式会社労働組合（または従業員の過半数代表者。以下同じ。）によって指名された者（この者の任期は2年間）　5名
　②　会社が指名した委員が欠けた場合には，会社は速やかに委員を補充しなければならない。
　③　労働組合（または従業員の過半数代表者）の指名を受けた者が欠けた場合には，労働組合は速やかに委員を補充すべく所定の手続きを実施しなければならない。
　④　前二項に基づき選任された委員は，欠けた委員の残りの任期を引き継ぐこととする。

第5条　労使委員会の開催は，次のとおりとする。
　一　毎年3月，6月，9月，12月（以下「定例労使委員会」という。）
　二　労使委員会の委員の半数以上からの要請があったとき

第6条　労使委員会は，委員の8名以上，かつ，労働組合の指名を受けた者の4名以上の出席がなければ成立しない。

第7条　労使委員会の議事の進行に当たり議長を置くものとし，議長は次の者と

第5章　高度プロフェッショナル制度の創設（労基法，安衛法）　93

する。
　一　3月，6月の定例労使委員会では，会社が指名した者
　二　9月，12月の定例労使委員会では，労働組合の指名を受けた者の代表者
　三　第5条第2号の場合には，出席した委員に互選された者
第8条　労使委員会の議事は，出席委員の過半数の賛否で決定し，可否同数のときは議長が裁定する。ただし，第3条第1号及び第2号にかかる決議については，出席した委員の5分の4以上の多数による決議で決定する。
第9条　前条の決議は，書面により行い，出席委員全員の記名，押印を行うものとする。
第10条　労使委員会の議事については，人事部担当者が議事録を作成し，労使委員会に出席した委員2名（うち労働組合の指名を受けた者1名）が署名するものとする。
②　前項の議事録は，人事部で委員会開催後（決議の有効期間満了後）3年間保存するものとする。また，議事録の作成の都度，速やかに，その内容を社内LANの「掲示板」に掲示することにより，社員に周知するものとする。
第11条　会社は，12月の定例労使委員会において，次の情報を開示しなければならない。
　一　対象社員の勤務状況，対象社員に対する健康・福祉確保措置，苦情処理等の実施状況
　二　労働基準監督署長に提出した報告書の内容
②　会社は，委員の要請により，対象社員に適用する評価制度，及び賃金制度の具体的内容を開示しなければならない。
第12条　会社は，企画業務型裁量労働従事者及び高度プロ社員に適用される評価制度，及びこれに対応する賃金制度を変更する場合には，対象社員に対して事前にその内容について説明するものとする。
第13条　会社は，労使委員会において，企画業務型裁量労働従事者及び高度プロ社員の勤務状況，これらの従事者の健康と福祉確保のために講じた措置，これらの従事者からの苦情について講じた措置，労働基準監督署長に報告した内容等の情報を開示するものとする。

　　　附　則
施行期日　この規程は，○○○○年○○月○○日から施行する。

高度プロフェッショナル制度についての国会審議における論点

　主な論点は，図表1－37－2のとおりです。
　なお，この制度の適用については，書面による本人の同意が必要ですが，適用の解除については法規定がありませんでした。この点について与党は野党の要望を取り入れ，本人が望めばこの制度の適用を解除できるようにするとし，その後，この点について法案の修正が行われました。

【図表1－37－2】高度プロフェッショナル制度を巡る主な国会における論点
（30.5.16　衆議院厚生労働委員会）

法案の内容	野党の指摘	政府側 （厚生労働大臣など）の答弁
労基法の労働時間規制を適用除外。残業代や深夜・休日の割増賃金が一切支払われなくなる	残業に相当する時間が月200時間を超えたら違法か？	直ちに違法ということではない
	過労死した場合，長時間労働を行った企業を行政指導できるか	労働時間の上限がないので行政指導できない
対象業務は「高度な専門的知識を必要とする」業種を想定	勤務時間など仕事の裁量は労働者側に認められているか？	省令で定める
年収1,075万円以上の社員が対象	将来的に要件となる年収額を引き下げるのではないか？	要件となる年収額を引き下げることは全く考えていない

第6章
企画業務型裁量労働制の対象業務の拡大
（労基法：平成30年改正法案から削除）

　標記法改正の規定は平成30年改正法案からは削除されました。しかし，今後もこの改正案の国会提出が議論されると思われますので，現行法の制度とともに解説することとします。

【目　次】
Ⅰ　改正法規定（案要綱）の内容
Ⅱ　現行法の企画業務型裁量労働制の実施手順

Ⅰ　改正法規定（案要綱）の内容

【1】　現行法のみなし労働時間制とは何か，対象業務は

1．みなし労働時間制とは何か

　さまざまな業務のなかには，ⓐ外交セールスなど事業場の外で業務が行われるために実労働時間の算定がむずかしいものや，ⓑ専門職・研究職・主要事業場の企画部門で働く人など，業務の性質上その業務の具体的遂行については労働者の裁量に委ねる必要があるため使用者の具体的な指揮監督になじまず，通常の方法による労働時間の算定が適切でない業務があります。

みなし労働時間制とは，このように労働時間を算定しにくい業務について，一定時間の労働をしたものと「みなす」制度です（労基法38条の2～38条の4）。

例えば，1日の実際の労働時間が8時間30分でも9時間30分でも，平均すると9時間というのであれば，その業務の労働時間は9時間と算定するわけです。この場合，「みなし労働時間」は，使用者が独自に，あるいは労使協定，労使委員会決議にもとづいて決めます。

2．みなし労働時間制の適用業務は

みなし労働時間制の適用は，図表1－38の3業務に限られています。

【図表1－38】みなし労働時間制の対象業務

> ① 事業場外労働のみなし労働時間制（営業，出張，在宅勤務等）
> ② 専門業務型裁量労働制（専門職，研究職等）
> ③ 企画業務型裁量労働制（企業の企画部門等）

3．みなし労働時間制導入時の留意点

その事業場で実労働時間の算定についてみなし労働時間制を採用した場合でも，労基法の時間外労働，休日，休憩時間，深夜労働等に関する規定はそのまま適用されます。したがって，次の点などに留意することが必要です。

① みなし労働時間制により算定される労働時間が法定労働時間（1日8時間，1週40時間）を超える場合には，あらかじめ，時間外・休日労働協定を結び，時間外労働の割増賃金（25％以上）を支払う。

② 所定休日に労働させる場合には，あらかじめ，①の時間外・休日労働協定を結び，休日労働の割増賃金（35％以上）を支払う。

③ 所定の休憩時間を定め，その時間に休憩をとるように指示する。

④ 深夜労働禁止の対象者（年少者：18歳未満の者等）には，午後10時～翌日午前5時の間は就労させない。

⑤ 深夜時間帯（午後10時～翌日午前5時）に労働させた場合には，深夜労

第6章 企画業務型裁量労働制の対象業務の拡大（労基法：平成30年改正法案から削除） 97

働の割増賃金（25%以上）を支払う。

【2】 現行法の企画業務みなし制（企画業務型裁量労働制）とは何か，対象業務は

1．企画業務みなし制とは

各事業場の中枢部門で，企画，立案，調査，分析を組み合わせて行う業務にたずさわる労働者の場合，業務の性質上，仕事の進め方，労働時間の配分等を会社側が細かに管理するのではなく，労働者の裁量にゆだねる必要があり，通常の労働時間の算定になじみません。

企画業務みなし制（企画業務型裁量労働制）は，このような業務に従事する者に「みなし労働時間」を認めることにしたものです（労基法38条の4）。

2．企画業務みなし制の対象業務の要件は

この制度を利用できるのは，図表1−39の①〜④のすべての要件を満たしている業務に従事する者です。

【図表1−39】現行の企画業務みなし制の対象業務となる要件

---

① 自社の事業運営に影響を及ぼす業務，支社等におけるその事業場に属する企業等にかかわる事業の運営に影響を及ぼす業務，あるいはその事業場にかかわる事業の運営に影響を及ぼす独自の事業戦略を策定する業務

② 企画・立案・調査・分析という相互に関連し合う作業を組み合わせて行う業務※1

③ 業務の性質上，客観的に労働者の裁量にゆだねる必要性があるもの

④ 業務を，いつ，どのように行うかにつき，広範な裁量が労働者に認められるもの※2

※1 企画部や調査部に属する労働者の業務すべてが対象となるわけではない。

※2 日常的に使用者の具体的な指示のもとで行われる業務は対象にならない。

【3】労基法改正(案要綱)による対象業務の拡大

1.労基法改正(案要綱)のポイントは

① 労基法で定められている企画業務型裁量労働制の対象業務に「課題解決型提案営業」及び「裁量的にPDCAを回す業務」が追加される予定でした。

② 標記制度の導入事業場が実施しなければならない「労働者の健康・福祉確保措置」として「年次有給休暇以外の特別有給休暇の付与,健康診断の実施その他」が,労基法に規定される予定でした(図表1-40)。

【図表1-40】企画業務型裁量労働制に関する法改正のあらまし

1 現行

- 裁量労働制とは,労使で決めた時間を労働したものと「みなす」制度。企画型・専門型の2種類がある。
  例.みなし労働時間:9時間,休憩1時間の場合
  ※1日のみなし労働時間を「9時間」と労使で決めた場合,17時で退社しても(=実労働時間7時間),20時退社しても(=実労働時間10時間),時間外割増賃金は同額(=1時間分)となる。

① 現在,企画業務型裁量労働制の業務は「企画・立案・調査・分析」の業務であるが,対象業務が限定的で,ホワイトカラーの業務の複合化等に対応できていない。
② 裁量労働制の下で働く方に講じられる健康確保措置の充実が求められている。
また,制度を導入しながら,出勤時間による厳しい勤怠管理を行っている等の実態が見られる。

2 改正案

① 「企画・立案・調査・分析」の業務をベースにした,以下の2類型を対象業務に追加
(あわせて,使用者の労働基準監督署長への報告義務は,制度導入後6か月目のみとするよう簡素化)

課題解決型提案営業 (ソリューション営業)	【例】取引先企業のニーズを聴取し,社内で新商品開発の企画立案を行い,当該ニーズに応じた商品やサービスを開発の上,販売する業務 等
裁量的にPDCA(企画→実施→改善→再実施)を回す業務	【例】全社レベルの品質管理の取組計画を企画立案するとともに,当該計画に基づく調達や監査の改善を行い,各工場に展開するとともに,その過程で示された意見等をみて,さらなる改善の取組計画を企画立案する業務 等

② 健康確保措置として,現在,指針に例示されている内容(特別な休暇の付与,健康診断等)を省令で規定
裁量労働制が「始業・終業時刻が労働者に委ねられる制度」であることを労基法上も明確化

(資料出所)「労働基準法等の一部を改正する法律案」について(厚生労働省)を一部修正のうえ使用。

２．新たに２つの業務（類型）を追加

改正法案要綱では，図表１－40の企画業務型裁量労働制の対象業務要件のうち，①，②，すなわち，現行で「事業の運営に関する事項についての企画，立案，調査及び分析の業務」とされている部分について，図表１－41の２つの業務（類型）を追加することを提案していました。

【図表１－41】法改正で検討された企画業務型裁量労働制２業務（類型）の追加

> ① 事業の運営に関する事項について繰り返し，企画，立案，調査及び分析を主として行うとともに，これらの成果を活用し，当該事業の運営に関する事項の実施状況の把握及び評価を行う業務
> ② 法人である顧客の事業の運営に関する事項についての企画，立案，調査及び分析を主として行うとともに，これらの成果を活用し，当該顧客に対して販売又は提供する商品又は役務を専ら当該顧客のために開発し，当該顧客に提案する業務（主として商品の販売又は役務の提供を行う事業場において当該業務を行う場合を除く。）

対象業務について，改正法案要綱では，ⓐ①の業務は，事業の運営に関する事項の実施方法の改善を行うものであることを指針に定める，ⓑ②の業務は，法人である顧客の事業の運営に関する事項を改善するために行うものであることを指針に定める，ⓒ既製品やその汎用的な組み合わせの営業は対象業務になり得ないこと及び商品又は役務の営業活動に業務の重点がある業務は該当しないことを指針に定める――としていました。

その上で，対象業務に従事する労働者は，対象業務を適切に遂行するために必要なものとして「厚生労働大臣が定める基準」に該当する知識，経験等を有するものに限るものとするとしていました。

当該基準については，知識，経験等として，少なくとも３年間の勤続を必要とすること等を定めることとしていました。

3．新たな「健康・福祉確保措置」を追加し，省令に規定

⑴　現行指針〈告示〉での健康・福祉確保措置の取扱いは

現行労基法38条の４では，企画業務型裁量労働制の対象労働者の健康確保を図るため，同制度の「健康・福祉確保措置」について，一定の措置を講ずる旨を決議することが制度上の要件とされています。

この「健康・福祉確保措置」については，現行指針〈告示〉（労基法第38条の４第１項の規定により同項第１号の業務に従事する労働者の適正な労働条件の確保を図るための指針）において，図表１－42の措置が例示されています。

【図表１－42】現行指針における「健康・福祉確保措置」の例示

> ①　代償休日又は特別な休暇の付与
> ②　健康診断の実施
> ③　連続した年次有給休暇の取得促進
> ④　心とからだの健康窓口の設置
> ⑤　配置転換
> ⑥　産業医の助言指導に基づく保健指導

⑵　改正労基法・指針の内容

改正労基法では，現行の指針で例示されている「労働者の健康及び福祉を確保するための措置」について，新たな措置を追加するとともに，省令で規定することを定める予定でした。

この点について建議では，現行の法定指針に例示されている事項を参考にしつつ，図表１－43のことなどを追加することも含め検討のうえ，省令で規定することが適当としていました。

第6章 企画業務型裁量労働制の対象業務の拡大(労基法:平成30年改正法案から削除) **101**

【図表1－43】「労働者の健康・福祉確保措置」として省令で定めることが
予想される事項

> ① 年次有給休暇以外の特別有給休暇の付与
> ② 健康診断の実施
> ③ 長時間労働を行った場合の面接指導
> ④ 深夜業の回数の制限
> ⑤ 勤務と次の勤務との間のインターバル
> ⑥ 一定期間における労働時間の上限の設定等

4．従業員の始業・終業時刻の決定の裁量を明確化

現行の労基法では，企画業務型裁量労働制及び専門業務型裁量労働制について，標記のことが明確に規定されていません。

このため，改正労基法38条の3第1号の条文で，『使用者が具体的な指示をしない時間配分の決定に，「始業及び終業の時刻の決定」が含まれること』が明確に規定されました。

Ⅱ 現行法の企画業務型裁量労働制の実施手順

【1】 企画業務型裁量労働制の実施手順は

企画業務型裁量労働制の実施手順は，①労使委員会を設置し，②法定事項を決議（図表1－44，規定例13）し，③決議書を労基署長に届け出て，④対象従業員の同意を得たうえで制度を実施，⑤労基署に報告，⑥期限終了後の継続は，再び②へ，といった手順になります。

①の労使委員会とは，賃金，労働条件など，その事業場における労働条件に関する事項を調査審議し，事業主に対して意見を述べることを目的とする委員会のことです。労使委員会の委員の半数は，労働組合（または従業員の過半数を代表する者）から指名されたものでなければなりません。

②の決議は出席した委員の5分の4以上の合意で有効になります。また，労

使委員会の議事録を作成し，保存し，従業員に知らせることも，制度導入の要件になります。

⑤の労基署への報告は，②の決議の日から起算して6カ月以内に1回，労働時間の状況，健康・福祉確保のための措置の実施状況などを報告する必要があります。

【2】 企画業務型裁量労働制の実施手続き
―労使委員会決議とそのモデル例は

1．労使委員会の決議が必要な事項は

企画業務型裁量労働制を実施する事業場で労使委員会を設け，図表1－44の①から⑧までの項目に関して，決議し，労基署長に届け出れば，企画業務みなし制（企画業務型裁量労働制）が適用され，みなし労働時間が認められます。労使委員会を構成する委員の半数は対象事業場の労働者代表に指名された者であることが必要で，決議は出席した委員の5分の4以上の合意で有効です。決議事項は，規定例15に掲げる様式第13号の2に記載して，使用者が労基署長に届け出ます。

規定例13に示す文例は，企画業務型裁量労働制の導入に関する労使委員会の決議のモデル例です。また，労使委員会の運営規程は，規定例14のとおりです。労基署長への決議届の記載例は，規定例15のとおりです。

2．労使委員会議事録の作成，保存，周知は

また，労使委員会の議事録を作成，保存し，労働者に周知することも企画業務型裁量労働制導入の要件となっています。労使委員会で決議が行われた場合，その日から起算して6カ月以内に1回，企画業務型裁量労働制に関する報告（様式第13号の4，記載例は規定例16）を労基署長に届け出なければなりません。

第6章　企画業務型裁量労働制の対象業務の拡大（労基法：平成30年改正法案から削除）　　103

【図表1－44】企画業務型裁量労働制導入時に労使委員会で決議を要する事項

① 　制度の対象となる業務の具体的な範囲
② 　制度の対象労働者の具体的な範囲
③ 　労働時間として算出される1日あたりの時間数
④ 　使用者の講ずる労働者の健康・福祉を確保するための措置の具体的内容
⑤ 　使用者の講ずる労働者からの苦情処理の措置の具体的な内容
⑥ 　対象労働者本人の同意を得なければならないこと，および不同意を理由として労働者に解雇その他不利益取扱いをしてはならないこと
⑦ 　決議の有効期間※
⑧ 　制度の実施状況の記録の保存（決議の有効期間中およびその終了後3年間）

※決議の有効期間は，1年を超えてもよい。3年以内とすることが望ましい。

【規定例13】労使委員会決議のモデル例（試案）―企画業務型裁量労働制の導入

　　○○株式会社本社事業場労使委員会は，企画業務型裁量労働制につき，下記のとおり決議する。
（制度の対象業務）
第1条　企画業務型裁量労働制を適用する業務の範囲は，次のとおりとする。
　一　企画部で経営計画を策定する業務（課題解決型提案営業及び裁量的にPDCAを回す業務を含む。）
　二　人事部で人事計画を策定する業務
（制度の対象労働者）
第2条　企画業務型裁量労働制を適用する労働者は，前条で定める業務に常態として従事する者のうち，入社して7年目以上で，かつ，職務の級が主事6級以上である者とする（就業規則第○条で定める管理監督者を除く。）。
（制度の対象労働者の事前の同意）
第3条　制度の対象労働者を対象業務に従事させる前には，本人の書面による同意を得なければならないものとする。この同意を得るにあたっては，使用者は，本決議の内容，同意した場合に適用される評価制度及び賃金制度の内容，同意しなかった場合の配置及び処遇について対象労働者に説明するものとする。
（不同意者の取扱い）
第4条　前条の場合に，同意しなかった者に対して，同意しなかったことを理由として，処遇等で，本人に不利益な取扱いをしてはならないものとする。

104　第1部　平成30年改正労働基準法等の改正内容と実務対応

（みなし労働時間）

第5条　第2条に定める者のうち，第3条に基づき同意を得た者（以下「裁量労働従事者」という。）が，所定労働日に勤務した場合には，就業規則第○○条に定める就業時間に関わらず，1日8時間の労働をしたものとみなす。

（裁量労働従事者の出勤等の際の手続き）

第6条　裁量労働従事者は，出勤した日については，入退室時にIDカードによる時刻の記録を行わなければならない。

②　裁量労働従事者が，出張等業務の都合により事業場外で業務に従事する場合には，あらかじめ，所属長の承認を得てこれを行わなければならない。所属長の承認を得た場合には，前条に定める労働時間を労働したものとみなす。

（裁量労働従事者の健康と福祉の確保措置）

第7条　会社は，裁量労働従事者の健康と福祉を確保するために，次の措置を講じるものとする。

　　一　裁量労働従事者の健康状態を把握するために次の措置を実施する。

　　　イ　所属長は，入退室時のIDカードの記録により，裁量労働従事者の在社時間を把握する。

　　　ロ　裁量労働従事者は，2カ月に1回，自己の健康状態について所定の「自己診断カード」に記入の上，所属長に提出する。

　　　ハ　所属長は，ロの自己診断カードを受領後，速やかに，裁量労働従事者ごとに健康状態等についてヒアリングを行う。

　　二　会社は，前号の結果をとりまとめ，産業医に提出するとともに，産業医が必要と認めるときには，次の措置を実施する。

　　　イ　定期健康診断とは別に，特別健康診断を実施する。

　　　ロ　年次有給休暇以外の特別有給休暇を付与する。

　　　ハ　深夜業の回数を制限する。

　　　ニ　勤務と次の勤務との間のインターバル時間を設ける。

　　三　精神・身体両面の健康についての相談室を総務部別室に設置する。

（裁量労働適用の中止）

第8条　前条の措置の結果，裁量労働従事者に企画業務型裁量労働制を適用することがふさわしくないと認められた場合または裁量労働従事者が企画業務型裁量労働制の適用の中止を申し出た場合は，会社は，当該労働者に企画業務型裁量労働制を適用しないものとする。

（裁量労働従事者の苦情の処理）

第9条　裁量労働従事者から苦情等があった場合には，次の手続きに従い，対応

するものとする。

一　裁量労働相談室を次のとおり開設する。

　　イ　場所　　　　○○労働組合管理部

　　ロ　開設日時　毎週金曜日12：00〜13：00と17：00〜19：00

　　ハ　相談員　　　○○○○

二　取り扱う苦情の範囲を次のとおりとする。

　　イ　裁量労働制の運用に関する全般の事項

　　ロ　裁量労働従事者に適用している評価制度，これに対応する賃金制度等の処遇制度全般

三　相談者の秘密を厳守し，プライバシーの保護を図る。

（決議の変更）

第10条　決議をした時点では予見することができない事情の変化が生じ，委員の半数以上から労使委員会の開催の申出があった場合には，有効期間の途中であっても，決議した内容を変更する等のための労使委員会を開催するものとする。

（勤務状況等の保存）

第11条　会社は，裁量労働従事者の勤務状況，裁量労働従事者の健康と福祉確保のために講じた措置，裁量労働従事者からの苦情について講じた措置，企画業務型裁量労働制を適用することについて裁量労働従事者から得た同意に関する労働者ごとの記録を，決議の有効期間の始期から有効期間満了後3年間を経過する時まで保存することとする。

（評価制度・賃金制度の労使委員会への開示）

第12条　会社は，裁量労働従事者に適用される評価制度，及びこれに対応する賃金制度を変更する場合，事前にその内容について委員に対し説明をするものとする。

（定期報告の労使委員会への情報開示）

第13条　会社は，労使委員会において，裁量労働従事者の勤務状況，同従事者の健康と福祉確保のために講じた措置，同従事者からの苦情について講じた措置，労働基準監督署長に報告した内容等の情報を開示するものとする。

（決議の有効期間）

第14条　本決議の有効期間は，平成○○年○月○日から平成○○年○月○○日までの3年間とする。

　　平成○○年○月○○日

106　第1部　平成30年改正労働基準法等の改正内容と実務対応

○○株式会社本社事業場労使委員会

委員　○○○○　㊞　　○○○○　㊞

○○○○　㊞　　○○○○　㊞

○○○○　㊞　　○○○○　㊞

○○○○　㊞　　○○○○　㊞

○○○○　㊞　　○○○○　㊞

(注) アンダーラインの箇所は，労基法改正（案要綱）に伴い，新たに企画業務型裁量労働制
を導入する場合の改正部分として想定していたもの。

【規定例14】労使委員会の運営規程例（試案）

労使委員会運営規程

第1条　本会は，○○株式会社本社事業場労使委員会と称する。

第2条　労使委員会は，○○株式会社本社事業場に置くものとする。

第3条　当委員会で審議する事項は以下のとおりである。

一　企画業務型裁量労働制に関すること

二　1年単位の変形労働時間制に関すること

三　その他賃金，労働時間等労働条件に関すること

第4条　労使委員会の委員は，次の10名の者により構成するものとする。

一　会社（使用者）が指名する者　5名

二　○○株式会社労働組合によって指名された者（この者の任期は2年間）5
名

②　会社が指名した委員が欠けた場合には，使用者は速やかに委員を補充しなけ
ればならない。

③　労働組合の指名を受けた者が欠けた場合には，労働組合は速やかに委員を補
充すべく所定の手続きを実施しなければならない。

④　前二項に基づき選任された委員は，欠けた委員の残りの任期を引き継ぐこと
とする。

第5条　労使委員会の開催については，次のとおりとする。

一　毎年3月，6月，9月，12月（以下「定例労使委員会」という。）

二　労使委員会の委員の半数以上の者の要請があったとき

第6条　労使委員会は，委員の8名以上，かつ，労働組合の指名を受けた者の4
名以上の出席がなければ成立しない。

第7条　労使委員会の議事の進行に当たり議長を置くものとし，議長は次の者と
する。

第6章 企画業務型裁量労働制の対象業務の拡大（労基法：平成30年改正法案から削除） **107**

　　一　3月，6月の定例労使委員会では，会社が指名した者
　　二　9月，12月の定例労使委員会では，労働組合の指名を受けた者の代表者
　　三　第5条第2号の場合には，出席した委員に互選された者
第8条　労使委員会の議事は，出席委員の過半数の賛否で決定し，可否同数の時
　　は議長が裁定する。ただし，第3条第1号及び第2号にかかる決議については，
　　出席した委員の5分の4以上の多数による決議で決定する。
第9条　前条の決議は，書面により行い，出席委員全員の記名，押印により行う
　　ものとする。
第10条　労使委員会の議事については，人事部担当者が議事録を作成し，労使委
　　員会に出席した委員2名（うち労働組合の指名を受けた者1名）が署名するも
　　のとする。
②　前項の議事録は，人事部で委員会開催後（決議の有効期間満了後）3年間保
　　存するものとする。また，議事録の作成の都度，速やかに，その内容を社内
　　LANの「掲示板」に掲示することにより，労働者に周知するものとする。
第11条　使用者は，12月の定例労使委員会において，次の情報を開示しなければ
　　ならない。
　　一　対象労働者の勤務状況，対象労働者に対する健康・福祉確保措置，苦情処
　　　　理等の実施状況
　　二　労働基準監督署長にした報告の内容
②　使用者は，委員の要請により，対象労働者に適用する評価制度，及び賃金制
　　度の具体的内容を開示しなければならない。
第12条　この運営規程は，平成○○年○月○日から施行する。

（注）アンダーラインの箇所は，労基法改正（案要綱）に伴い，新たに企画業務型裁量労働制
　を導入する場合の改正部分として想定していたもの。

【規定例15】企画業務型裁量労働制に関する決議届の記載例（現行法）

様式第13号の2（第24条の2の3第1項関係）　　企画業務型裁量労働制に関する決議届

事業の種類	事業の名称	事業の所在地（電話番号）	常時使用する労働者数
○○業	○○株式会社　本社事業場	○○県○○市○-3-2-1	153

業務の種類	業務の範囲（職務経験年数・職能資格等）	労働者数	決議で定める労働時間
企画部で経営計画を策定する業務	入社6年目以上、職務が主事5級以上	10	8時間
その他の事項　人事部で人事計画を策定する業務	入社6年目以上、職務の級が主事5級以上	10	8時間

労働者の健康及び福祉を確保するために講ずる措置（労働者の労働時間の状況の把握方法）　2か月に1回、所属長が健康状態についてヒアリングを行い、疾患に応じて特別健康診断の受診を行う。（別添決議第○○条のとおり）

労働者からの苦情の処理に関して講ずる措置　別添決議第○○条のとおり

労働者の同意を得なければならないこと及び同意をしなかった労働者に対して解雇その他不利益な取扱いをしてはならないことについての決議の有無　有・無

労働時間の状況並びに当該労働者の健康及び福祉を確保するための措置、労働者からの苦情の処理に関して講じた措置並びに労働者の同意に関する記録を保存することについての決議の有無　有・無

決議の成立年月日　平成○○年○月○日　　決議の有効期間　平成○○年○月○日から平成○○年○月○日

委員会の委員数	10	運営規程に関する事項：委員の選出に関する事項	開催に関する事項：議の運出に関する事項：決議の方法に関する事項：定足数に関する事項

任期	氏名	任期	その他の委員　氏名
1　年	○○	同上	○○○○○
同上	○○	同上	○○○○○
同上	○○		○○○○○
同上	○○		○○○○○

規程を定めて指名された名　　有・無　　委員会の同意の有無　有・無

決議は、上記委員全員の5分の4以上の多数による議決により行われたものである。

委員会の委員の半数について任期を定めて指名した労働組合の名称又は労働者の過半数を代表する者の　職名　　企画部　　氏名　○○　○○

委員会の委員の半数について任期を定めて指名した者（労働者の過半数を代表する者の場合）の選出方法（　投票　）

平成○○年○月○日

使用者　　職名　　○○株式会社　常務取締役　　氏名　○○　○○　　㊞

○○労働基準監督署長　殿

記載心得

1　「業務の種類」の欄には、労働基準法第38条の4第1項第1号に規定する業務として決議した業務を具体的に記入すること。
2　「労働者の範囲（職務経験年数、職能資格等）」の欄には、労働基準法第38条の4第1項第1号に規定する労働者の範囲について、必要とされる職務経験年数、職能資格等を具体的に記入すること。
3　「決議で定める労働時間」の欄には、労働基準法第38条の4第1項第3号に規定する対象労働者の労働時間として算定される時間を記入すること。
4　「労働者の健康及び福祉を確保するために講ずる措置（労働者の労働時間の状況の把握方法）」の欄には、労働基準法第38条の4第1項第4号に規定する措置の内容を具体的に記入すること。
5　「労働者からの苦情の処理に関して講ずる措置」の欄には、労働基準法第38条の4第1項第5号に規定する措置の内容を具体的に記入すること。
6　「任期を定めて指名された委員」の欄については、労働基準法第38条の4第2項第1号の規定により労働者の過半数で組織する労働組合がある場合にはその労働組合の、労働者の過半数で組織する労働組合がない場合においては労働者の過半数を代表する者に任期を定めて指名を定めた委員の氏名を記入すること。
7　「運営規程に含まれている事項」の欄には、該当する事項を○で囲むこと。

第6章　企画業務型裁量労働制の対象業務の拡大(労基法：平成30年改正法案から削除)　　109

【規定例16】企画業務型裁量労働制に関する報告記載例（現行法）

様式第13号の4（第24条の2の5第1項関係）

| 報告期間 | 平成○○年2月から平成○○年7月まで |

事業の種類	事業の名称	事業の所在地（電話番号）
その他の事業	○○株式会社　本社事業場	○○市○○町3-2-1（○○○○-○○○○）

業務の種類	労働者の範囲	労働者数	労働者の労働時間の状況（労働時間の把握方法）	労働者の健康及び福祉を確保する措置の実施状況
経営企画の策定	企画部で、入社7年目以上、主事6級以上	10	平均9時間、最長12時間（　　IDカード　　）	特別健康診断の実施（○○年5月14日）
人事計画	企画部で、入社7年目以上、主事6級以上	10	平均9時間、最長14時間（　　IDカード　　）	特別健康診断の実施（○○年5月17日）、特別休暇の付与

平成○○年8月15日　　使用者　職名　○○株式会社　常務取締役
氏名　○○○○　　㊞

○○労働基準監督署長殿

記載心得
1　「業務の種類」の欄には、労働基準法第38条の4第1項第1号に規定する業務として決議した業務を具体的に記入すること。
2　「労働者の範囲」及び「労働者数」の欄には、労働基準法第38条の4第1項第2号に規定する労働者の範囲及びその数を記入すること。
3　「労働者の労働時間の状況」の欄には、労働基準法第38条の4第1項第4号に規定する労働時間の状況として把握した時間のうち、平均的なものの及び最長のものの状況を記入すること。また、労働時間の状況を把握した方法を具体的に（　）内に記入すること。
4　「労働者の健康及び福祉を確保するための措置の実施状況」の欄には、労働基準法第38条の4第1項第4号に規定する措置として講じた措置の実施状況を具体的に記入すること。

第7章
フレックスタイム制の清算期間上限の
「1カ月」から「3カ月」への延長等(労基法)

> 【目 次】
> Ⅰ 平成30年改正法規定の内容
> Ⅱ 改正フレックスタイム制度の作り方
> Ⅲ 改正フレックスタイム制の就業規則,労使協定のモデル例
> Ⅳ 改正フレックスタイム制における時間外労働時間,勤務管理

Ⅰ 平成30年改正法規定の内容

【1】 改正フレックスタイム制とは,適する業務は

1.フレックスタイム制とは

フレックスタイム制とは,労基法にもとづき,清算期間(最長3カ月間)の所定労働時間の総枠内で,各労働者に日々の出勤と退社の時刻,1日の労働時間の長さを自主的に決めさせる制度です(改正法32条の3)。

会社がその3カ月間に働く時間を,例えば,520時間(1日8時間×3カ月間,所定労働日数91日)と決めます。会社がそれにもとづき,図表1-45に示すように,コアタイムとフレキシブルタイムを決めます。この枠内で,各出勤日について,何時に出社,退社するか,1日何時間働くかはそれぞれの労働者の自

【図表１－45】フレックスタイム制の１日の時間設定例

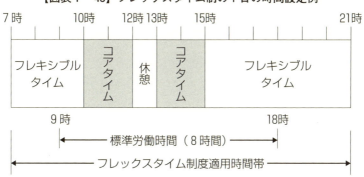

　由です。
　このようにフレックスタイム制は，労働者が自分の仕事の繁閑，自己都合等に合わせて，日々の出退勤の時刻，労働時間の長さを決めることができる制度です。
　この制度のもとでは，例えば，今日は頭が冴えているから一気に企画書を取りまとめようと，午前８時出勤，午後７時退社，１日10時間勤務で働いてもよいし，また，ある日は，市役所に立ち寄る必要があるので，午前11時出勤，午後６時退社で６時間勤務にすることも可能です。

２．フレックスタイム制に適する部門・業務は

　事業場のどの部門，どの業務に，フレックスタイム制を適用できるか否かについて，労基法では特に制限を設けていません。年少者（18歳未満の者）には適用できないことが定められているのみです。
　フレックスタイム制が実施されている事業場の例をみると，各メンバーがある程度他の労働者とは独立して仕事を行える部門や職種，また仕事の処理に各個人の創意工夫，独創性，自主判断がある程度求められ，労働の量よりも質，成果が期待される部門・職種に適しているといえます。例えば，次のような部門です。

① 研究開発
② 設計，デザイン
③ 事務（総務，経理，人事等，生産現場の勤務体制と直結していない業務）
④ 企画，宣伝，調査，分析，報告書の作成
⑤ 営業販売（店頭販売は除く）
⑥ コンピュータのシステム開発・分析・ソフトウェア作成部門

3．コアタイムとフレキシブルタイム

コアタイムとは，原則として，全労働者が労働日に職場にいなくてはならない時間帯のことです。フレキシブルタイムは，各労働者が労働日に職場にいてもいなくてもよい時間帯のことです。その間，いつ出社しても退社してもかまいません。

4．フレックスタイム制が適さない部門

フレックスタイム制には，その部署の全員がそろわないフレキシブルタイムがあります。このため，生産現場の流れ作業のように全員がそろわないと業務遂行に支障をきたす仕事には適しません。

また，電話の取り次ぎや受付，秘書，店頭販売等，絶えず待機していなければならない仕事や，決められたスケジュールに従って規則正しく巡視する必要がある警備や守衛といった仕事にも向きません。

【2】 フレックスタイム制についての法改正のポイントは

労働政策審議会の建議では，フレックスタイム制の改正について図表1－46のように提案しています。

第7章　フレックスタイム制の清算期間上限の「1カ月」から「3カ月」への延長等（労基法）　113

【図表1-46】労働政策審議会の建議のポイント

① フレックスタイム制により一層柔軟でメリハリをつけた働き方が可能となるよう，清算期間（1回の対象期間）の上限を，現行の1カ月から3カ月に延長することが適当である。
② 清算期間が1カ月を超え3カ月以内の場合，対象労働者の過重労働防止等の観点から，清算期間内の1カ月ごとに1週平均50時間（完全週休2日制の場合で1日当たり2時間相当の時間外労働の水準）を超えた労働時間については，その月における割増賃金の支払い対象とすることが適当である。
③ 制度の適正な実施を担保する観点から，清算期間が1カ月を超え3カ月以内の場合に限り，フレックスタイム制に係る労使協定の（労基署長への）届出を要することとすることが適当である。

そして，主にこれら3つのことについて法改正が行われました。

【3】フレックスタイム制についての具体的な法改正の内容は

フレックスタイム制についての法改正の具体的な内容は，図表1-47のとおりです（改正労基法32条の3）。

【図表1-47】フレックスタイム制についての労基法の改正内容

① 清算期間の上限が，現行法の「1カ月」から「3カ月」に延長された。
② 清算期間が1カ月を超える場合には，フレックスタイム制に係る労使協定の労基署長への届出が義務づけられる。
③ 清算期間が1カ月を超える場合，清算期間の開始から区分した1カ月ごとの1週平均の労働時間が50時間を超えた労働時間については，その月における割増賃金の支払い対象とされる。
④ 清算期間が1カ月を超える場合の中途退職者及び中途採用者などについての賃金清算規定が設けられる。
⑤ 現行法での完全週休2日制の場合の不都合の解消が図られる。

以下，それぞれの改正項目について説明します。

114 第1部 平成30年改正労働基準法等の改正内容と実務対応

1. 清算期間の上限の「1カ月」から「3カ月」への延長と労使協定の労基署長への届出

　現行法では，1回ごとの清算期間（制度の対象期間）の上限は「1カ月」でした。これが法改正により，上限「3カ月」に延長されました。

　したがって，清算期間を，例えば1カ月，2カ月，3カ月などさまざまな長さにすることができます。

　これにより，労働者は一層柔軟でメリハリをつけた働き方ができるようになりました。つまり，忙しい時期は集中的に働き，忙しくない時期は短時間働くことができるということです。

　そのうえで，清算期間を「1カ月超3カ月以内」の期間とする場合においては，現行法では義務のなかった，労使協定の労基署長への届出が義務付けられました。

2. 1週平均50時間を超えた場合の時間外労働割増賃金支払義務

(1) 法改正の内容

　清算期間を1カ月超とする場合における時間外労働の取扱いについては，次のようになりました。

　清算期間の開始から1カ月ごとの期間に区分したとき，それぞれの月の1週間の平均実労働時間が50時間を超える場合は，その月に超えた時間分の時間外労働割増賃金（25％以上）を支払わなければならないとされました。

　この措置により，例えば，完全週休2日制で，1日あたり2時間（1週で10時間）を超えた時間外労働の水準について割増賃金を支払わなければならないことになりました。

　さらに，清算期間の終了時には，図表1-48の3欄で求めたフレックスタイム制における契約時間の上限（法定労働時間の総枠）を超えた分の割増賃金を支払うことになりました。

第7章　フレックスタイム制の清算期間上限の「1カ月」から「3カ月」への延長等（労基法）　**115**

⑵　1週平均50時間超の割増賃金の必要性の有無の計算例

　法改正にもとづいて清算期間を「3カ月」とした場合について，図表1-48で説明します。

　例えば，平成31年7月1日から9月30日までの3カ月間を清算期間（暦日数92日）とする場合に，対象労働者が7月（暦日数31日）に180時間，8月（同31日）に185時間，9月（同30日）に150時間の労働をした場合についてみます。

　この場合，7月と8月の実労働時間を従来の制度に照らすと，7月（実労働時間180時間・法定労働時間の総枠177.1時間），8月（同185時間・同177.1時間）と，契約労働時間の上限（法定労働時間の総枠）を超えることになります。しかし改正法では，7月〜9月の3カ月間合計の実労働時間は515時間となり，法定労働時間の総枠（清算期間92日：525.6時間）の範囲内となっています。

　また，清算期間内の1カ月ごとの1週平均の実労働時間は50時間以内のため，図表1-47の③の項目に該当することもなく，あくまで法定労働時間の総枠での計算上ではありますが，割増賃金の支払いは必要ないことになります。

【図表1-48】清算期間を3カ月とした場合の割増賃金の必要性の有無の計算例

1．年月	2．月間暦日数	3．月間法定労働時間の総枠	4．月間実労働時間	5．月間の1週平均実労働時間
平成31年7月	31日	177.1時間	180時間	40.6時間
8月	31	177.1	185	41.8
9月	30	171.4	150	33.9
合　計	92	525.6	515	―

> 1カ月ごとの1週平均実労働時間数
> 　＝その月の実労働時間数÷（その月の暦日数÷7）

⑶　中途退職者等について1年変形制と同様の清算期間を設ける（改正労基法32条の3の2）

　前記図表1-47の④の「中途退職者・中途採用者等の清算規定」は，清算期間が1カ月を超える場合の中途退職者及び中途採用者などについて，現行法32

116　第1部　平成30年改正労働基準法等の改正内容と実務対応

条の4の2（1年単位の変形労働時間制の対象労働者であって途中退職した者及び途中採用された者についての賃金清算の規定）と同様の規定が適用されることになりました。

　したがって，前述(2)のケースで，例えば，その労働者が，7月，8月にフレックスタイム制の下で働き，9月から，フレックスタイム制が適用されない他の部署へ配置換えとなった場合には，7月と8月の法定労働時間の総枠を超える実労働時間分について，割増賃金を支払うことが必要になりました。

(4)　完全週休2日制の場合の不都合の解消（改正労基法32条の3第3項）

　フレックスタイム制における契約労働時間の上限（法定労働時間の総枠）は図表1-49の計算式で求めることとされています。例えば，週の法定労働時間が40時間の事業場が1カ月を清算期間としたとき，暦日31日の月は177.1時間が，暦日30日の月は171.4時間が，それぞれフレックスタイム制における法定労働時間の総枠となります。そして，清算期間終了後に上記の法定労働時間の総枠を超えた時間分が時間外労働としてカウントされることとなっています。

　しかし，従来は，上記の計算方法でフレックスタイム制における法定労働時間の総枠を算出すると，完全週休2日制で1日8時間労働させた場合であっても，暦によっては時間外労働が生じてしまう不都合がありました。例えば，平成27年6月のように，30日の月に22日の平日（土・日曜日を除いた日）がある場合，フレックスタイム制における法定労働時間の総枠は171.4時間ですが，22日間，1日8時間労働をすると176時間となり，フレックスタイム制における法定労働時間の総枠を超えてしまいました。

　現行法では，このような不都合について，通達で，①完全週休2日制で，②清算期間の29日目を起算日とする1週間の労働時間の合計が40時間を超えない，③清算期間における労働日ごとの労働時間がおおむね一定である場合に限り，特別な取扱いを認めていました（昭63.1.1基発1号）。

　改正法では，上記のような不都合を解消するため，完全週休2日制の事業場で労使協定によって，労働時間の限度を清算期間における労働日数に8時間を乗じた時間とすることを定めた場合は，その時間がフレックスタイム制における法定労働時間の総枠となると規定されました。

Ⅱ　改正フレックスタイム制度の作り方

【1】　フレックスタイム制度の作り方は

1．就業規則の定め方は

　フレックスタイム制を導入する場合には，就業規則に「一定の従業員について，始業・終業の時刻をその従業員の決定に委ねること」を定め，変更後の就業規則を労基署に届け出る必要があります。

2．労使協定の定め方は

　また，事業場ごとに労使協定で次のことを決めなければなりません（労基法32条の3）。清算期間が1カ月を超える制度の場合には，この労使協定を労基署に届け出なければなりません。

⑴　適用労働者の範囲
　フレックスタイム制で労働させる対象者を決めます。

⑵　清算期間
　フレックスタイム制は，各労働者が「一定の期間」（例えば，3カ月間）に一定時間勤務することを条件に，日々の出退社の時刻，1日の労働時間の長さを自由に決めさせるものです。清算期間とは，この「一定期間（1回の対象期間）」のことをいいます。その間の契約時間（清算期間における所定労働時間の総枠）と実労働時間との過不足の清算をする対象期間のことです。
　清算した結果，実労働時間が契約時間に達しなかったときは，次の清算期間に不足分多く働いてもらうか，または今回賃金カットする形で処理します。逆に，契約時間を超過しているときは，今回その時間分について時間外労働手当を支払う形で処理します。

118　第1部　平成30年改正労働基準法等の改正内容と実務対応

(3)　清算期間における所定労働時間の総枠（契約時間）

　契約時間は，清算期間を平均し，1週間あたりの労働時間が，その事業場の週法定労働時間（40時間または44時間）を上回らない長さにします。清算期間が1カ月の場合，契約時間の上限は次の算式で求められます。

> 契約時間の上限＝
> 　1週間の法定労働時間（40時間または44時間）×（清算期間の暦日数÷7日）

　1週間の法定労働時間40時間の事業場における契約時間の上限は，図表1－49，1－50のとおりです。

【図表1－49】契約時間の上限（清算期間1カ月間の場合）

1カ月間の暦日数	1週間の法定労働時間40時間の事業場
31日の月	$40時間 \times \dfrac{31日}{7日} = 177.1時間$
30日の月	$40時間 \times \dfrac{30日}{7日} = 171.4時間$
29日の月	$40時間 \times \dfrac{29日}{7日} = 165.7時間$
28日の月	$40時間 \times \dfrac{28日}{7日} = 160.0時間$

【図表1－50】契約時間の上限（清算期間3カ月の場合）

3カ月間の暦日数	1週間の法定労働時間40時間の事業場
平成31年4月～6月 91日	$40時間 \times \dfrac{91日}{7日} = 520.0時間$
平成31年7月～9月 92日	$40時間 \times \dfrac{92日}{7日} = 525.7時間$
平成31年10月～12月 92日	同上
平成32年1月～3月 91日	$40時間 \times \dfrac{91日}{7日} = 520.0時間$

第7章　フレックスタイム制の清算期間上限の「1カ月」から「3カ月」への延長等（労基法）　119

⑷　1日の標準労働時間

　1日の標準労働時間は，法定労働時間（8時間）の範囲内で，8時間とか7時間30分と決めます。これは，労働者が年次有給休暇を取得した場合や，出張，事業場外労働等により使用者が実労働時間を把握できない場合の労働時間の算定に用いるために決めておくものです。

⑸　コアタイム

　これは，全労働者が労働日に職場にいなければならない時間帯のことです。労基法上は，必要がなければ，定めなくてもかまいません。

⑹　フレキシブルタイム

　これは，各労働者が，労働日に自分の判断で職場にいてもいなくてもよい時間帯のことです。

Ⅲ　改正フレックスタイム制の就業規則，労使協定のモデル例

【1】　改正法規定にマッチする就業規則例

　清算期間を3カ月とするフレックスタイム制を導入して従来の就業規則を変更する場合のモデル例は規定例17のとおりです。

　なお，図表1-51に示したフレックスタイム制の時間例は，規定例17の規定内容による時間配分を図示したものです。

　また，規定例17の規定のうちアンダーラインがついている部分は，現行法での清算期間「1カ月」の制度を，改正法規定による清算期間「3カ月」の制度に変更する場合の改正部分です。

120　第1部　平成30年改正労働基準法等の改正内容と実務対応

【規定例17】フレックスタイム制に関する就業規則例（試案）
（清算期間3カ月の場合）

第○○節　フレックスタイム制

（対象従業員）

第1条　本制度の対象従業員は，次の者とする。

一　総務部および業務部所属の○級以上の者

二　当研究所の研究員として勤務する者であって，勤続1年以上の者

（制度の対象日，対象時間）

第2条　本制度の対象とする日および時間帯は，本就業規則に定められた出勤日の午前7時から午後9時までとする。

（1日の標準労働時間）

第3条　1日の標準労働時間は，午前9時から午後6時まで（正午から午後1時までは休憩時間），実働8時間とする。

②　年次有給休暇または特別休暇を取得したとき，および出張したときは，前項の標準労働時間勤務したものとみなして取り扱う。

（コアタイム）

第4条　コアタイムは，午前10時から午後3時まで（ただし，正午から午後1時までは休憩時間）とする。

②　コアタイムには，従業員が必ず勤務するものとする。

（フレキシブルタイム）

第5条　フレキシブルタイムは，次のとおりとする。

始業時間帯＝午前7時から午前10時まで

終業時間帯＝午後3時から午後9時まで

②　フレキシブルタイム中の始業および終業の時刻は，各従業員の決定に委ねる。

（遅刻，早退，欠勤）

第6条　本制度の対象従業員について，遅刻，早退および欠勤とは，それぞれ次の場合をいう。

遅刻＝コアタイムの開始時刻に遅れて出社したとき

早退＝コアタイムの終了時刻より早く退社したとき

欠勤＝コアタイムに勤務しなかったとき

②　前項のいずれかに該当する者は，事前または事後に，上司に届け出なければならない。

（清算期間）

第7条　1回当たりの清算期間は，毎年，次表のとおりとする。

1月1日～3月末日
4月1日～6月末日
7月1日～9月末日
10月1日～12月末日

（清算期間における契約時間）

第8条　清算期間における契約時間（所定労働時間の総枠）は，1日あたり8時間にその清算期間（3カ月間）の所定労働日数を乗じた時間とする。

（実労働時間の記録）

第9条　従業員は，自己の始業時刻，終業時刻および1日の実労働時間を記録しておき，これらの記録を会社が指定する日に，会社に提出しなければならない。

②　1日の実労働時間の記録の単位は，15分とする。

（時間外労働の取扱い）

第10条　従業員が次のいずれかの勤務をしたときは，賃金規則の定めるところにより時間外労働手当を支給する。

一　第2条に定める本制度の対象時間帯以外の時間帯に勤務した場合

二　清算期間の開始から1カ月ごとの期間に区分したとき，それぞれの月の1週間の平均労働時間が50時間を超えた場合（一号の時間を除く。）

三　清算期間中の実労働時間が契約時間を超過した場合（一号，二号の時間を除く。）

②　従業員が時間外労働を行う必要があるときには，事前に所属長に届け出て，その許可を得なければならない。

（休日労働の取扱い）

第11条　従業員が本制度の対象日以外の日に勤務したときは，賃金規則の定めるところにより休日労働手当を支払う。

②　前条第2項の規定は，休日労働について準用する。

（中途退職者等の取扱い）

第12条　退職，人事異動，新規採用等により，1回の清算期間（3カ月）のうちの一部の月についてフレックスタイム制が適用された者については，制度適用月の契約時間の上限を超えた労働について時間外労働手当を支払う。

（不足時間の取扱い）

第13条　清算期間中の実労働時間が契約時間に不足したときは，不足時間は次の清算期間に繰り越すものとする。

②　前項にかかわらず，不足時間が20時間を超えるときは，超える時間数に応じた賃金額を基本給から控除する。

（制度の解除）

第14条　会社は，緊急事態の発生などにより，事業遂行上やむを得ないと認めるときは，あらかじめ期間を指定して，本制度の適用対象である部署の全部または一部についてその適用を解除することがある。

附則

施行期日　本就業規則第○章○○節の規定は，平成○○年○月○日から施行する。

（注）アンダーラインの箇所は，平成30年労基法改正に伴う改正部分。

【2】改正法規定にマッチする労使協定例は

　清算期間を3カ月とするフレックスタイム制の導入のために取り決める労使協定のモデル例は，規定例18のとおりです。このモデル例で定めているフレックスタイム制の1日の時間配分も図表1－45によっています。

　なお，規定例18の協定文のうちアンダーラインの付してある部分は，現行法の清算期間1カ月間の制度を改正法に基づき3カ月間の制度に改める場合に変更が必要になる箇所です。

　追って，清算期間が1カ月を超えるフレックスタイム制に関する労使協定は，労基署に届け出る必要があります。

第7章　フレックスタイム制の清算期間上限の「1カ月」から「3カ月」への延長等（労基法）　　**123**

【規定例18】フレックスタイム制についての労使協定例（試案）
（清算期間を3カ月にする場合）

○○株式会社フレックスタイム制に関する労使協定

　○○株式会社（以下「会社」という。）と○○労働組合は，労働基準法第32条の3の規定にもとづき，フレックスタイム制度について，次のとおり協定する。

（制度の適用従業員）

第1条　本制度を適用する従業員は，次の者とする。

　一　総務部および業務部に所属する○級以上の者

　二　当社研究所に研究員として勤務する者であって，勤続1年以上の者

（本制度の対象日，対象時間）

第2条　本制度を適用する日および時間帯は，勤務を要する日の午前7時から午後9時までとする。

（1日の標準労働時間）

第3条　1日の標準労働時間は，8時間とする。

（コアタイム）

第4条　コアタイム（原則として従業員全員が労働しなければならない時間帯をいう。）は，午前10時から午後3時までとする。

②　休憩時間は，正午から午後1時までとする。

（フレキシブルタイム）

第5条　フレキシブルタイム（各従業員の判断により出退勤し，労働できる時間帯をいう。）は，次のとおりとする。

　　始業時間帯＝午前7時から午前10時まで

　　終業時間帯＝午後3時から午後9時まで

（清算期間）

第6条　1回当たりの清算期間は，毎年，次表のとおりとする。

1月1日～3月末日
4月1日～6月末日
7月1日～9月末日
10月1日～12月末日

第7条　清算期間における契約時間（労働時間の限度）は，1日あたり8時間に

その清算期間（3カ月間）の所定労働日数を乗じた時間（8時間×3カ月間所定労働日数）とする。

（過不足時間等の取扱い）

第8条　会社は，次の各号の場合には，時間外労働手当を支給する。

　　一　従業員がフレックスタイム制度の対象外の時間に勤務した場合

　　二　清算期間の開始から1カ月ごとの期間に区分したとき，それぞれの月の1週間の平均労働時間が50時間を超えた場合（一号の時間を除く。）

　　三　従業員の清算期間中の実労働時間が，一号及び前号の時間を除き，第7条に定める契約時間を超過した場合

②　従業員がフレックスタイム制度の対象外の日に勤務したときは，会社は休日労働手当を支給する。

③　従業員の清算期間中の実労働時間が，第7条に定める契約時間に不足したときは，その不足時間を次の清算期間に繰り越すものとする。

　　ただし，不足時間が20時間を超過したときは，超過した時間分の賃金について基本給から控除を行う。

（中途退職者等の取扱い）

第9条　退職，人事異動，新規採用等により，1回の清算期間（3カ月間）のうちの一部の月についてフレックスタイム制が適用された者については，制度適用月の契約時間の上限を超えた労働について時間外労働手当を支払う。

（本制度の解除）

第10条　会社は，緊急事態の発生などにより事業遂行上やむを得ないと認めるときは，あらかじめ労働組合に諮ったうえで，一定期間，本制度の適用対象である部署の全部または一部について，本制度の解除を行うことができる。

（協定の有効期間）

第11条　本協定の有効期間は，平成○○年○月○日から1年間とする。ただし，有効期間満了日の1カ月前までに，会社または労働組合のいずれからも申出がないときは，さらに1年間有効期間を延長するものとし，それ以降についても同様の取扱いとする。

　　平成○○年○○月○○日

　　　　　　　　　　　　　　　　　　○○○○株式会社
　　　　　　　　　　　　　　　　　　代表取締役　○○○○　㊞
　　　　　　　　　　　　　　　　　　○○○○労働組合
　　　　　　　　　　　　　　　　　　執行委員長　○○○○　㊞

（注）アンダーラインの箇所は，平成30年労基法改正に伴う改正部分。

Ⅳ 改正フレックスタイム制における時間外労働時間，勤務管理

【1】 改正フレックスタイム制で時間外労働となる時間は

1. 時間外労働となる時間は

フレックスタイム制のもとでは，時間外労働時間数は次の時間の合計時間になります。

① フレックスタイム制の適用時間帯以外の時間に勤務した時間数（図表1－45に示す例の場合では，午前7時前または午後9時後の勤務時間）。

② 清算期間が1カ月超となる場合において1週平均実労働時間が50時間を超えた場合（詳しくは，113頁の図表1－46②で説明したとおりです）。

③ 清算期間（上限3カ月）における実労働時間のうち，その間の法定労働時間の総枠を超えた時間数（①，②を除く）。

2. 時間外・休日労働協定は

フレックスタイム制では，各労働者が自分で日々の出社，退社の時刻を決めるため，見込み違い，計算違いで実労働時間が法定労働時の総枠を超えることも起こりえます。このようなケースを想定して，事前に時間外・休日労働協定（36協定）を結んで労基署長に届け出ておく必要があります。

この場合，1日について法定労働時間を超えて延長できる時間を協定する必要はなく，清算期間（最長3カ月間）を通算して時間外労働を行わせることができる時間を定めれば足ります。

3. 実労働時間が契約時間を超えた場合，不足した場合の処理は

例えば，3カ月間の実労働時間が契約時間を超えた場合は，超えた時間分に

ついて別途賃金を支払わなければなりません。超過時間分を次の清算期間（3カ月間）に繰り越しさせて，次の清算期間（3カ月間），その時間分だけ少なく働いてもらうという対応は労基法上認められていません。同法24条に定める「賃金の全額払いの原則」に反するからです。

　例えば，図表1－51の場合であれば，95時間分（A＋B）を支払う必要があります。Aの部分（30時間分）については，法定（25％以上増し）の時間外労働割増賃金を支払わなければなりません。Bの部分（65時間分）については，前記のような労基法上の義務はありません。就業規則などで所定労働時間を超えた実労働時間分の賃金支払いについて定められているところによります。

　逆に，実労働時間が契約時間よりも不足した場合には，次のいずれの対応をしてもかまいません（図表1－52）。

① 不足時間分を次の清算期間に繰り越し，次の清算期間その分多く勤務してもらう。

② 不足分全部について賃金控除（カット）を行う。

③ 一定時間の不足までは次の清算期間への繰越しを認めるが，それを超える不足時間については賃金控除（カット）を行う。

会社としては，ある程度温情をもった対応をすることも必要でしょう。ただ，毎回の清算期間について多くの不足時間を生じさせる者がいた場合，きちんとした対応をしないと職場の服務規律が保てないこともあります。その観点からは③の対応が適切と考えられます。

第7章 フレックスタイム制の清算期間上限の「1カ月」から「3カ月」への延長等（労基法）

【図表1-51】フレックスタイム制での時間外労働の取扱い例

次の場合
- 平成31年4月～6月
- 清算期間3カ月，暦日数91日
- 契約時間の上限（法定労働時間）：520時間
- 契約時間（所定労働時間の総枠）：7時間×65日＝455時間
- 実労働時間：550時間

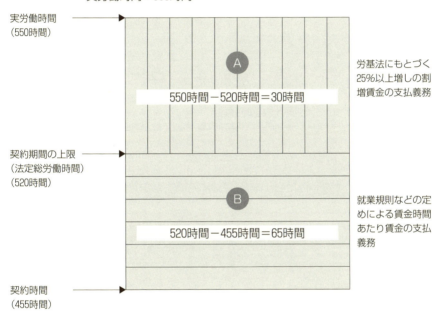

【図表1−52】契約時間未満であれば賃金カットも可能
(図表1−51の時間編成と同じ場合)

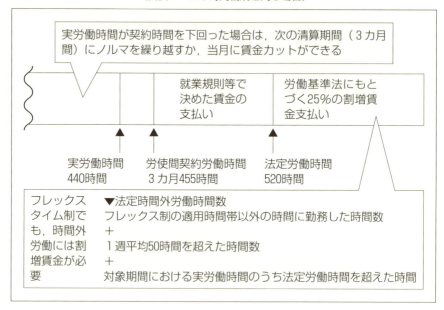

【2】 フレックスタイム制での欠勤,休憩時間,深夜労働の取扱いは

1.欠勤・遅刻の取扱いは

フレックスタイム制では,次のように扱います。

　遅刻……コアタイムに遅れて出勤したとき
　欠勤……コアタイムにまったく勤務しなかったとき

　フレックスタイム制では,コアタイム中は全労働者が勤務していることが求められます。コアタイムに所属部署に出勤していない者がいると,会議,業務連絡,社外との対応などに支障が生じます。このため,従業員が遅刻や早退,私用外出,欠勤をした場合には次のように対応し,このような弊害を極力なくすようにします。

① 事前に会社に届け出ていた1日の勤務予定時間帯について遅刻,早退,私用外出,欠勤のあるときは,その時間数と理由の届出を義務付ける。

② ①がコアタイムに食い込んだ時間分は不就業とみなし，基本給をカット
する。

③ ①の延べ時間，回数に応じて，ボーナスの査定を低くする。

2．休憩時間の取扱いは

フレックスタイム制のもとでも，休憩時間を各従業員が任意の時間帯にとる
形にすることは，労基法上認められていません。「休憩時間の一斉付与」に関す
る労基法の規定どおりにする必要があります。

3．深夜労働の取扱いは

深夜労働（午後10時〜翌日午前5時までの労働）については，①請求のあっ
た妊産婦（妊娠中および産後1年以内の者），請求のあった育児・家族介護従事
者，年少者（満18歳未満者）の就業の禁止，②勤務者に対する25％以上の割増
賃金の支払義務があります。これらのことを守れば，たとえコアタイムやフレ
キシブルタイムを深夜労働の時間帯に設定しても，労基法上の問題はありませ
ん。

130 第1部 平成30年改正労働基準法等の改正内容と実務対応

第8章
労働時間等設定改善法の改正

———事業主の勤務間インターバル制度導入の努力義務と企業委員会決議により労使協定に代える方法の導入

> 【目 次】
> Ⅰ 平成30年労働時間等設定改善法改正の内容
> Ⅱ 現行労基法等での労使協定の締結・届出・保管の義務，効力

Ⅰ 平成30年労働時間等設定改善法改正の内容

【1】 平成30年労働時間等設定改善法改正のポイントは

① 勤務間インターバル制度の導入が事業主の努力義務として規定されました。努力義務とは，できるだけ導入するように努力してくださいということです。

② 企業単位での労働時間等の設定改善に関する労使の取組みを促進するため，1つの企業全体を通じて設置する労働時間等設定改善企業委員会の決議をもって，年次有給休暇の計画的付与，時間単位付与および割増賃金の代替休暇の付与等に関する労使協定に代えることができることとなりました（労働時間等の設定の改善に関する特別措置法の改正，平成31年（2019年）4月1日施行）。

第8章　労働時間等設定改善法の改正　131

【2】　事業主の勤務間インターバル制度導入の努力義務規定

1）勤務間インターバル制度導入の努力義務については，平成30年労働時間等
　設定改善法の第2条（事業主等の責務）に，「健康及び福祉を確保するために
　必要な終業から始業までの時間の設定」について，必要な措置を講ずるよう
　に努めなければならないことが追加されました。

2）勤務間インターバル制度の導入のしかたは，次のとおりです。

　①　会社（事業場。以下同じ）が，例えば次のように制度の原案を作ります。

　　a　初日の勤務の終業時刻と翌日の始業時刻との間のインターバル（睡眠，
　　　休息等）の時間を11時間確保することとする。

　　b　初日の勤務の終業時刻を，遅くとも午後10時とする。

　　c　翌日の勤務の始業時刻を，早くとも午前9時以降とする。

　②　会社の制度原案を従業員の過半数労働組合（または従業員の過半数代表
　　者）に示し，意見を聴取します。

　③　会社は，上記②の意見を検討したうえで，会社として制度内容を確定し
　　ます。

　④　会社は，上記③の制度内容を労働契約書と就業規則に記載します。

　⑤　さらに，必要に応じて，上記③の制度内容を求人案内，ホームページ等
　　に掲載します。

3）努力義務ということは，「事業主等は，できるだけ勤務間インターバル制度
　を導入するように努力してください」ということで，「必ず実施せよ」という
　ことではありません。また，実施しなくても罰則はありません。

【3】　現行の「労働時間等の設定の改善に関する特別措置法」の主な規定内容は―時間外・休日労働協定，就業規則の本社一括届出

　同法の規定により，1企業の個々の事業場で締結または作成した時間外・休
日労働に関する労使協定（いわゆる36協定）および就業規則を，その企業の本
社が一括して，本社所在地を管轄する労基署に届け出ることが認められていま
す。

また，電子申請することもできます。

1企業の各事業場で締結した36協定について本社一括届出をするには，その企業に労働組合（意見聴取先）が組織されていることが必要です。

また，1企業の各事業場で作成した就業規則について本社で一括届出するためには，その企業の本社と全事業場の就業規則の変更前と変更後の規定内容がすべて同内容でなければなりません。

就業規則を労基署窓口で一括届出する場合には，次の書類が必要です。

---

① 本社の就業規則届出書，意見書および就業規則本体……各2部（正本および控え）
② 一括届出の対象事業場一覧表……2部（正本，就業規則配送作業室提出用）
③ 一括届出の対象事業場の意見書……正本。事業場ごとに1部必要
④ 一括届出の対象事業場の就業規則本体……正本。事業場を管轄する労基署ごとに1部必要

以上のことについて詳しくは，その企業の本社所在地を管轄する労基署に問い合わせてください。

【4】 「労働時間等の設定の改善に関する特別措置法」の改正内容は

1．定義の変更は

「労働時間等の設定」の定義に，「深夜業の回数」および「終業から始業までの時間」が追加されました。

この改正により，これらの事項について自主的に規制を設けている企業の内容の改善が容易になることが期待されます。

2．企業委員会決議により労使協定に代えることができる

1企業の全部の事業場を通じて1つの委員会であって，図表1−53の要件に適合するもの（以下「労働時間等設定改善企業委員会」という）に調査審議さ

せ，事業主に対して意見を述べさせることを定めた場合であって，労働時間等設定改善企業委員会でその委員の5分の4以上の多数による議決により，年次有給休暇の計画的付与制度，時間単位付与制度，および1カ月60時間を超える時間外労働の賃金引上げ分（25%）の代替休暇の付与制度に関する事項について決議が行われたときは，その決議はこれらの事項に関する労使協定（図表1－54の⑬～⑮の労使協定）と同様の効果を有するものとされています。

【図表1－53】労働時間等設定改善企業委員会決議の要件

① 1企業の全部の事業場を通じて1つの委員会の委員の半数については，その全部の事業場を通じて，労働者の過半数で組織する労働組合がある場合においてはその労働組合，労働者の過半数で組織する労働組合がない場合においては労働者の過半数を代表する者の推薦に基づき指名されていること。
② 1企業の全部の事業場を通じて1つの委員会の議事について，省令で定めるところにより，議事録が作成され，かつ，保存されていること。
③ ①および②に掲げるもののほか，省令で定める要件を満たしていること。

企業委員会決議について届出が必要か否かについては，今後，省令で定められることになります。

【5】 労働時間等設定改善法改正のメリットは

労基法では，年次有給休暇の計画的付与など上記3種の労使協定は，企業単位ではなく，企業内の事業場ごとに使用者と従業員の過半数代表者で締結し，その事業場に保管しなければならないことになっています。

前述した労働時間等設定改善法の改正により，その企業の全事業場にこれら3種の労使協定を1企業としてまとめて決議し，労使協定に代えることができるようになりました。

134　第1部　平成30年改正労働基準法等の改正内容と実務対応

Ⅱ　現行労基法等での労使協定の締結・届出・保管の義務，効力

【1】　現行労基法での労使協定の取扱いは

1．労使協定とは

労使協定（書）とは，使用者が，
① その事業場の労働者の過半数で組織する労働組合がある場合においては，その労働組合，
② ①の労働組合がない場合においては，労働者の過半数を代表する者（①と②をあわせて「労働者の過半数代表者」という）と，書面により図表1－54のいずれかの法定事項について協定を締結すること（または締結した文書のこと）
をいいます。

2．その実施に労使協定の締結が必要な事項は

労使協定とは，労基法等で定める事項のいずれかについて，使用者と労働者の過半数代表者等とが協議して決め，締結内容を書面にした約束事のことです。

労基法，育介法及び高年法で労使協定の締結が義務付けられている事項をまとめて示すと，図表1－54のとおりです。この17項目のうち，その事業場で必要な事項について労使で協議し，協定を結ぶわけです。

図表1－54のうち，担当行政機関（労基署等）に届け出て受理されることが必要な労使協定は，○印を付してあるものです。

労基法で協定締結が義務付けられているもの（①〜⑮）のうち，届出が義務付けられていない協定書（×印）については，その事業場に保管しておき，労基監督官の臨検監督（強制立入調査）の際には提示できるようにしておかなければなりません。

第8章 労働時間等設定改善法の改正 **135**

【図表1－54】その実施に労使協定の締結が必要な事項は

労使協定の締結が必要な事項	労基署等へ の届出義務	根拠法
① 貯蓄金の管理	○	労基法
② 賃金からの一部控除	×	
③ 専門業務型裁量労働制	○	
④ 事業場外労働に関するみなし労働時間制	○	
⑤ 交替休憩	×	
⑥ 時間外・休日労働	○	
⑦ 1カ月単位の変形労働時間制	○	
⑧ 1年単位の変形労働時間制	○	
⑨ 1週間単位の変形労働時間制	○	
⑩ フレックスタイム制	○	
⑪ フレックスタイム制の下での時間外・休日労働	○	
⑫ 年次有給休暇中の賃金支払い（標準報酬日額）	×	
⑬ 年次有給休暇の計画的な付与	×	
⑭ 年次有給休暇の時間単位での付与	×	
⑮ 1カ月60時間を超える時間外労働の賃金引上げ分（25% 以上）の代替休暇の付与	×	
⑯ 育児・介護休業,子の看護休暇,介護休暇等の適用除外者	×	育介法
⑰ 65歳までの雇用継続制度	×	高年法

3．労使協定締結の手続き等は

(1) 労使協定の締結単位は

労使協定は，事業場ごとに結ばなくてはなりません。数事業場を有する企業の場合は，それぞれの事業場ごとに協定を結ぶことが必要です。

(2) 使用者側の締結当事者は

数事業場を有する企業の場合は，社長（代表取締役）自らが各事業場ごとに結ばれる協定の当事者となることも，また，各事業場の長（支店長，工場長等）に締結させることも可能です。

(3) 労使協定の周知義務は

使用者は，締結した労使協定を次のいずれかの方法により，従業員に周知させなければなりません（労基法106条）。

① 常時各作業場の見やすい場所に掲示し，または備え付ける。

② 労使協定書の写しを従業員に交付する。

③ ディスクに記録し，従業員がいつでも自由に見られるよう各事業場にパソコンを配置する。 など

(4) 労使協定の締結・届出・周知の手順は

労使協定の締結・届出・周知の手順は，図表1－55①～⑤のとおりです。就業規則の作成・届出・周知と同じ行為と異なる行為とがありますので，混同しないように注意してください。

第8章　労働時間等設定改善法の改正　**137**

【図表1−55】労使協定の締結・届出・周知の手順

① 会社が労使協定案を作成
② 会社と従業員の過半数代表者とで協議，両者で署名，押印して締結
　労使協定は，事業場ごとに結ぶ。複数の事業場をもつ会社は，それぞれの事業場ごとに協定を結ぶことが必要。
　イ　会社側
　　社長（代表取締役）自ら各事業場ごとの締結当事者になっても，支店長や工場長など，各事業場の長がなってもよい。
　ロ　従業員の過半数代表者
　　その事業場の全従業員の過半数を代表する者。
③ 労基署長に届出・受理
　労基法で届出が義務付けられている場合のみ行う。
④ その事業場の従業員に周知する。
⑤ 事業場に保管
　労基法にもとづく労使協定の場合には，労基署の臨検監督（強制立入調査）等の際に求められたら提示する。提示しないと労基法違反となる。

(5)　労使協定の刑事免責的効力（労基法違反にならずにすむ）とは

　労使協定の締結による刑事免責的効力というのは，本来，その事項を実施することは労基法違反であるのに，労使協定を結ぶことによりその行為が例外として適法と認められるということです。従業員代表者が同意しているのだから，例外として特別に適法と認めようということです。

　例えば，労働者を法定労働時間を超えて働かせたり，法定休日に出勤させるには，事前に，労使間で「時間外・休日労働に関する労使協定（いわゆる36協定）」を結び，労基署長に届け出ることが必要です。労使協定なしに法定労働時間の労働あとに時間外労働を行わせると，使用者は6カ月以下の懲役または30万円以下の罰金が科せられます。

　ところが，事前に，労使間で「時間外・休日労働に関する労使協定」を結び，これを労基署長に届け出ていれば，使用者は，法定時間外労働違反で罰せられることはありません（労基法36条）。労使協定には法定義務違反の責めや罰を免れることができる効果があり，これを「刑事免責的効力」といいます。

(6) **労使協定には，法規範としての効力はない**

　しかし，労使協定には，労働協約や就業規則のように労働契約に勝る法規範としての効力（使用者と労働者を拘束する強制力）はありません。このため，たとえ上記のいわゆる「36協定」が結ばれていても，これにより使用者が労働者に時間外労働を行うように命令した場合に，個々の労働者が法定時間外労働に従事する法律上の義務は生じません。

　これを生じさせるためには，労使協定とは別に，就業規則か労働契約書に根拠となる規定を設けておかなければなりません。

4．労使協定と就業規則の違いは

　両者には共通点も多いので混同しがちです。両者は図表1－56のように異なっていることを注意してください。

【図表1－56】労使協定と就業規則との違い

項　　目	労使協定	就業規則
1．作成・届出義務	従業員数に関係なく，図表1－54の事項の実施に必要	従業員10人以上の事業場すべて
2．作成者	会社が原案をつくるが，従業員の過半数代表者と協定を結んで成立	会社が一方的に作成
3．従業員の過半数代表者の意見反映	従業員の過半数代表者が同意しなければ，協定を結べない	使用者は意見を聴くだけでよく，その意見を規則の内容に反映しなくても法違反にはならない
4．労働契約との優劣関係	労使協定の規定内容は，個々の労働契約に影響を与えない	就業規則の規定内容は，個々の労働契約の規定内容にまさる。就業規則と異なる労働契約は，特約を除いて就業規則の内容が優先する（労働契約法12条）

第9章
労働安全衛生法の改正

【目　次】

Ⅰ　法改正のあらまし

Ⅱ　面接指導制度の改正

Ⅲ　産業医・産業保健機能の強化

（施行期日　平成31年〔2019年〕4月1日）

Ⅰ　法改正のあらまし

　面接指導制度が改正され，事業者に対して，①「新技術・新商品等の研究開発の業務」及び「高度プロフェッショナル制度」の対象者について面接指導が義務付けられるとともに，②すべての労働者を対象とした労働時間の把握義務が義務付けられました。

140　第１部　平成30年改正労働基準法等の改正内容と実務対応

Ⅱ　面接指導制度の改正

1. 時間外労働が月100時間超えた場合が面接指導の対象に

(1) 「新技術・新商品等の研究開発の業務」及び「高度プロフェッショナル制度」の対象者への面接指導の義務付け

1）法改正により，上記の労働者について，労働時間（高度プロフェッショナル制度の対象労働者の場合は健康管理時間（原則として，労働者が事業場内に所在していた時間と事業場外で業務に従事した時間の合計））が省令で定める時間を超えた場合には，医師による面接指導を実施することを事業者に義務付けています。

2）省令で定める時間については，平成29年９月の法案要綱において，「１週間当たり40時間を超えた場合のその超えた時間が１月当たり100時間を超えた労働者」とする旨定めることが示されています。

3）事業者は，面接指導の結果に基づいて図表１－57の措置を講じなければならないこととなりました。

【図表１－57】事業者が面接指導に基づいて行わなければならない措置

> ①　面接指導の結果の記録
> ②　①の面接指導の結果に基づく必要な措置についての医師の意見の聴取
> ③　その必要があると認める場合の次の措置の実施
> 　ａ．職務内容の変更
> 　ｂ．有給休暇（年次有給休暇の付与を除く）
> 　ｃ．労働時間の短縮（健康管理時間の短縮のための配慮等の措置）

(2) 違反した事業者には罰則が

現行法の面接指導制度では，面接指導は労働者の申出によって実施することとされていました。

しかし，前記２つの対象労働者については，労働時間（健康管理時間）が省

令で定める時間数を超えた場合には，一律に面接指導を行うことが事業者の義務となりました。

また，この対象労働者への面接指導については，違反した事業者には所要の罰則が科されます。

⑶　すべての労働者を対象とした労働時間の把握の義務付け

法改正により，裁量労働制適用者や管理監督者などを含めたすべての労働者を対象とした労働時間の把握義務が事業者に義務付けられました。具体的な方法は省令で定めるとされています。

Ⅲ　産業医・産業保健機能の強化
——産業医の勧告内容を衛生委員会に報告——

法改正により，産業医・産業保健機能の強化として，
①　事業者は，産業医の勧告を受けたときは，その勧告の内容を衛生委員会または安全衛生委員会に報告しなければならないものとすること
②　事業者は，産業医に対し，労働者の労働時間に関する情報その他の産業医が労働者の健康管理等を適切に行うために必要な情報を提供しなければならないものとすること
などを定めています。

第10章
雇用対策法の改正

―――働き方改革に関する基本方針を定める

　法改正により，雇用対策法の題名が「労働施策の総合的な推進並びに労働者の雇用の安定及び職業生活の充実等に関する法律」に改められました。

　この改正により，同法において，「働き方改革」の基本的考え方を明らかにするとともに，国は，改革を総合的かつ継続的に推進するための基本方針（閣議決定）を定めることとするものとされました（施行期日は公布日）。

第2部

改正労基法による
労働時間管理の実務

144　第2部　改正労基法による労働時間管理の実務

第1章
労働時間・休憩時間・休日の実務

【目　次】
Ⅰ　労働時間の適正把握のための新ガイドライン―労働時間の定義を明確に
　　示し自己申告制に係る措置を追加―
Ⅱ　法定労働時間（労働時間の限度）
Ⅲ　労働時間の範囲
Ⅳ　休憩時間
Ⅴ　休　日
Ⅵ　法定の労働時間・休憩時間・休日・割増賃金の適用されない管理監督者
　　等
Ⅶ　年少者の就業制限

Ⅰ　労働時間の適正把握のための新ガイドライン
―労働時間の定義を明確に示し自己申告制に係る措置を追加―

　厚生労働省は，平成29年1月20日付で，「労働時間の適正な把握のために使用者が講ずべき措置に関するガイドライン」を策定しました。この新ガイドラインでは，従前の平成13年4月6日付「労働時間の適正な把握のために使用者が講ずべき措置に関する基準」（いわゆる「四六通達」）には記載のなかった，「労働時間の考え方」（労働時間の定義）を明確に示すとともに，時間管理が曖昧に

第1章　労働時間・休憩時間・休日の実務　　**145**

なりがちな「自己申告制」により労働時間管理を行う際に使用者が講ずべき措置について新たな内容を追加するなどしています。

労働時間の適正な把握のために使用者が 講ずべき措置に関するガイドライン

1　趣旨

　労働基準法においては，労働時間，休日，深夜業等について規定を設けていることから，使用者は，労働時間を適正に把握するなど労働時間を適切に管理する責務を有している。

　しかしながら，現状をみると，労働時間の把握に係る自己申告制（労働者が自己の労働時間を自主的に申告することにより労働時間を把握するもの。以下同じ。）の不適正な運用等に伴い，同法に違反する過重な長時間労働や割増賃金の未払いといった問題が生じているなど，使用者が労働時間を適切に管理していない状況もみられるところである。

　このため，本ガイドラインでは，労働時間の適正な把握のために使用者が講ずべき措置を具体的に明らかにする。

2　適用の範囲

　本ガイドラインの対象事業場は，労働基準法のうち労働時間に係る規定が適用される全ての事業場であること。

　また，本ガイドラインに基づき使用者（使用者から労働時間を管理する権限の委譲を受けた者を含む。以下同じ。）が労働時間の適正な把握を行うべき対象労働者は，労働基準法第41条に定める者及びみなし労働時間制が適用される労働者（事業場外労働を行う者にあっては，みなし労働時間制が適用される時間に限る。）を除く全ての者であること。

　なお，本ガイドラインが適用されない労働者についても，健康確保を図る必要があることから，使用者において適正な労働時間管理を行う責務があること。

3　労働時間の考え方

　労働時間とは，使用者の指揮命令下に置かれている時間のことをいい，使用者の明示又は黙示の指示により労働者が業務に従事する時間は労働時間に当たる。そのため，次のアからウのような時間は，労働時間として扱わなければならないこと。

　ただし，これら以外の時間についても，使用者の指揮命令下に置かれていると評価される時間については労働時間として取り扱うこと。

　なお，労働時間に該当するか否かは，労働契約，就業規則，労働協約等の定めのいかんによらず，労働者の行為が使用者の指揮命令下に置かれたものと評価することができるか否かにより客観的に定まるものであること。また，客観的に見て使用者の指揮命令下に置かれていると評価されるかどうかは，労働者の行為が使用者から義務づけられ，又はこれを余儀なくされていた等の状況の有無等から，個別具体的に判断されるものであること。

　　ア　使用者の指示により，就業を命じられた業務に必要な準備行為（着用を義務付けられた所定の服装への着替え等）や業務終了後の業務に関連した後始末（清掃等）を事業場内において行った時間

　　イ　使用者の指示があった場合には即時に業務に従事することを求められており，労働から離れることが保障されていない状態で待機等している時間（いわゆる「手待時間」）

　　ウ　参加することが業務上義務づけられている研修・教育訓練の受講や，使用者の指示により業務に必要な学習等を行っていた時間

4　労働時間の適正な把握のために使用者が講ずべき措置

(1)　始業・終業時刻の確認及び記録

　使用者は，労働時間を適正に把握するため，労働者の労働日ごとの始業・終業時刻を確認し，これを記録すること。

(2)　始業・終業時刻の確認及び記録の原則的な方法

　使用者が始業・終業時刻を確認し，記録する方法としては，原則として次のいずれかの方法によること。

ア　使用者が，自ら現認することにより確認し，適正に記録すること。

　　イ　タイムカード，ICカード，パソコンの使用時間の記録等の客観的な
　　　記録を基礎として確認し，適正に記録すること。

(3)　**自己申告制により始業・終業時刻の確認及び記録を行う場合の措置**

　上記(2)の方法によることなく，自己申告制によりこれを行わざるを得な
い場合，使用者は次の措置を講ずること。

　　ア　自己申告制の対象となる労働者に対して，本ガイドラインを踏まえ，
　　　労働時間の実態を正しく記録し，適正に自己申告を行うことなどにつ
　　　いて十分な説明を行うこと。

　　イ　実際に労働時間を管理する者に対して，自己申告制の適正な運用を
　　　含め，本ガイドラインに従い講ずべき措置について十分な説明を行う
　　　こと。

　　ウ　自己申告により把握した労働時間が実際の労働時間と合致している
　　　か否かについて，必要に応じて実態調査を実施し，所要の労働時間の
　　　補正をすること。

　　　　特に，入退場記録やパソコンの使用時間の記録など，事業場内にい
　　　た時間の分かるデータを有している場合に，労働者からの自己申告に
　　　より把握した労働時間と当該データで分かった事業場内にいた時間と
　　　の間に著しい乖離が生じているときには，実態調査を実施し，所要の
　　　労働時間の補正をすること。

　　エ　自己申告した労働時間を超えて事業場内にいる時間について，その
　　　理由等を労働者に報告させる場合には，当該報告が適正に行われてい
　　　るかについて確認すること。

　　　　その際，休憩や自主的な研修，教育訓練，学習等であるため労働時
　　　間ではないと報告されていても，実際には，使用者の指示により業務
　　　に従事しているなど使用者の指揮命令下に置かれていたと認められる
　　　時間については，労働時間として扱わなければならないこと。

　　オ　自己申告制は，労働者による適正な申告を前提として成り立つもの
　　　である。このため，使用者は，労働者が自己申告できる時間外労働の

時間数に上限を設け，上限を超える申告を認めない等，労働者による労働時間の適正な申告を阻害する措置を講じてはならないこと。

また，時間外労働時間の削減のための社内通達や時間外労働手当の定額払等労働時間に係る事業場の措置が，労働者の労働時間の適正な申告を阻害する要因となっていないかについて確認するとともに，当該要因となっている場合においては，改善のための措置を講ずること。

さらに，労働基準法の定める法定労働時間や時間外労働に関する労使協定（いわゆる36協定）により延長することができる時間数を遵守することは当然であるが，実際には延長することができる時間数を超えて労働しているにもかかわらず，記録上これを守っているようにすることが，実際に労働時間を管理する者や労働者等において，慣習的に行われていないかについても確認すること。

(4) 賃金台帳の適正な調製

使用者は，労働基準法第108条及び同法施行規則第54条により，労働者ごとに，労働日数，労働時間数，休日労働時間数，時間外労働時間数，深夜労働時間数といった事項を適正に記入しなければならないこと。

また，賃金台帳にこれらの事項を記入していない場合や，故意に賃金台帳に虚偽の労働時間数を記入した場合は，同法第120条に基づき，30万円以下の罰金に処されること。

(5) 労働時間の記録に関する書類の保存

使用者は，労働者名簿，賃金台帳のみならず，出勤簿やタイムカード等の労働時間の記録に関する書類について，労働基準法第109条に基づき，3年間保存しなければならないこと。

(6) 労働時間を管理する者の職務

事業場において労務管理を行う部署の責任者は，当該事業場内における労働時間の適正な把握等労働時間管理の適正化に関する事項を管理し，労働時間管理上の問題点の把握及びその解消を図ること。

第1章　労働時間・休憩時間・休日の実務　　149

(7)　労働時間等設定改善委員会等の活用

　　使用者は，事業場の労働時間管理の状況を踏まえ，必要に応じ労働時間
　等設定改善委員会等の労使協議組織を活用し，労働時間管理の現状を把握
　の上，労働時間管理上の問題点及びその解消策等の検討を行うこと。

基発０１２０第３号
平成２９年１月２０日

都道府県労働局長　　殿

厚生労働省労働基準局長

労働時間の適正な把握のために使用者が講ずべき措置に関する
ガイドラインについて

　　今般，標記について，別添（編注：145頁以降の新ガイドライン）のとおり，
「労働時間の適正な把握のために使用者が講ずべき措置に関するガイドライン」
（以下「ガイドライン」という。）を定めたところである。
　　ついては，本ガイドラインの趣旨，遵守のための指導及び周知等については，
下記のとおりであるので，この取扱いに遺漏なきを期されたい。
　　なお，本通達をもって，平成13年4月6日付基発第339号「労働時間の適正な
把握のために使用者が講ずべき措置に関する基準について」については廃止す
ることとする。

記

1　ガイドラインの趣旨，内容
(1)　趣旨について
　ア　使用者（使用者から労働時間を管理する権限の委譲を受けた者を含む。
　　　以下同じ。）に労働時間を管理する責務があることを改めて明らかにする
　　　とともに，労働時間の適正な把握のために使用者が講ずべき措置等を明示
　　　したところであること。
　イ　労働基準法上，使用者には，労働時間の管理を適切に行う責務があるが，
　　　一部の事業場において，自己申告制（労働者が自己の労働時間を自主的に
　　　申告することにより労働時間を把握するもの。以下同じ。）の不適正な運

150　第2部　改正労基法による労働時間管理の実務

　用等により，労働時間の把握が曖昧となり，その結果，過重な長時間労働
　や割増賃金の未払いといった問題が生じている。このため，これらの問題
　の解消を図る目的で，使用者に労働時間を適正に把握する責務があること
　を改めて明らかにするとともに，本ガイドラインにおいて労働時間の適正
　な把握のために使用者が講ずべき具体的措置等を明らかにしたものであり，
　使用者は，ガイドラインを遵守すべきものであること。

(2)　労働時間の考え方について

　　労働時間を適正に把握する前提として，労働時間の考え方について明らか
　にしたものであること。

　　労働時間とは，使用者の指揮命令下にある時間のことをいい，使用者の明
　示又は黙示の指示により労働者が業務に従事する時間は労働時間に当たるこ
　と。

　　なお，労働時間に該当するか否かは，労働契約，就業規則，労働協約等の
　定めのいかんによらず，労働者の行為が使用者の指揮命令下に置かれたもの
　と評価することができるか否かにより客観的に定まるものであること。また，
　客観的に見て使用者の指揮命令下に置かれていると評価されるかどうかは，
　労働者の行為が使用者から義務づけられ，又はこれを余儀なくされていた等
　の状況の有無等から，個別具体的に判断されるものであることを示したもの
　であること。

(3)　ガイドラインの4(1)について

　　労働時間の把握の現状をみると，労働日ごとの労働時間数の把握のみを
　もって足りるとしているものがみられるが，労働時間の適正な把握を行うた
　めには，労働日ごとに始業・終業時刻を使用者が確認し，これを記録する必
　要があることを示したものであること。

(4)　ガイドラインの4(2)について

　ア　始業・終業時刻を確認するための具体的な方法としては，ア又はイによ
　　るべきであることを明らかにしたものであること。また，始業・終業時刻
　　を確認する方法としては，使用者自らがすべての労働時間を現認する場合
　　を除き，タイムカード，ICカード，パソコンの使用時間の記録等（以下「タ
　　イムカード等」という。）の客観的な記録をその根拠とすること，又は根拠
　　の一部とすべきであることを示したものであること。

　イ　ガイドラインの4(2)アにおいて，「自ら現認する」とは，使用者が，使
　　用者の責任において始業・終業時刻を直接的に確認することであるが，も
　　とより適切な運用が図られるべきであることから，該当労働者からも併せ

第1章　労働時間・休憩時間・休日の実務　　151

て確認することがより望ましいものであること。

　　ウ　ガイドラインの4(2)イについては，タイムカード等の客観的な記録を基
　　　本情報とし，必要に応じ，これら以外の使用者の残業命令書及びこれに対
　　　する報告書等，使用者が労働者の労働時間を算出するために有している記
　　　録とを突合することにより確認し，記録するものであること。

　　　　なお，タイムカード等の客観的な記録に基づくことを原則としつつ，自
　　　己申告制を併用して労働時間を把握している場合には，ガイドラインの4
　　　(3)に準じた措置をとる必要があること。

(5)　ガイドラインの4(3)について

　　ア　ガイドラインの4(3)アについては，自己申告制の対象となる労働者に説
　　　明すべき事項としては，ガイドラインを踏まえた労働時間の考え方，自己
　　　申告制の具体的内容，適正な自己申告を行ったことにより不利益な取扱い
　　　が行われることがないこと等があること。

　　イ　ガイドラインの4(3)イについては，労働時間の適正な自己申告を担保す
　　　るには，実際に労働時間を管理する者が本ガイドラインに従い講ずべき措
　　　置を理解する必要があることから設けたものであること。

　　　　実際に労働時間を管理する者に対しては，自己申告制の適正な運用のみ
　　　ならず，ガイドラインの3で示した労働時間の考え方等についても説明す
　　　る等して，本ガイドラインを踏まえた説明とすることを示したものである
　　　こと。

　　ウ　ガイドラインの4(3)ウについては，自己申告による労働時間の把握は，
　　　曖昧な労働時間管理となりがちであることから，使用者は，労働時間が適
　　　正に把握されているか否かについて定期的に実態調査を行うことが望まし
　　　いものであること。

　　　　また，労働者からの自己申告により把握した労働時間と入退館記録やパ
　　　ソコンの使用時間の記録等のデータで分かった事業場内にいた時間との間
　　　に著しい乖離が生じている場合や，自己申告制が適用されている労働者や
　　　労働組合等から労働時間の把握が適正に行われていない旨の指摘がなされ
　　　た場合等には，当該実態調査を行う必要があることを示したものであるこ
　　　と。

　　エ　ガイドラインの4(3)エについては，自己申告による労働時間の把握とタ
　　　イムカード等を併用している場合に，自己申告した労働時間とタイムカー
　　　ド等に記録された事業場内にいる時間に乖離が生じているとき，その理由
　　　を報告させること自体は問題のある取組ではないが，その報告が適正に行

152 第2部 改正労基法による労働時間管理の実務

われないことによって，結果的に労働時間の適正な把握がなされないことにつながり得るため，報告の内容が適正であるか否かについても確認する必要があることを示したものであること。

オ　ガイドラインの4(3)オについては，労働時間の適正な把握を阻害する措置としては，ガイドラインで示したもののほか，例えば，職場単位毎の割増賃金に係る予算枠や時間外労働の目安時間が設定されている場合において，当該時間を超える時間外労働を行った際に賞与を減額する等不利益な取扱いをしているものがあること。

　　また，実際には労働基準法の定める法定労働時間や時間外労働に関する労使協定（いわゆる36協定）により延長する時間を超えて労働しているにもかかわらず，記録上これを守っているようにすることが，実際に労働時間を管理する者や労働者等において慣習的に行われていないかについても確認することを示したものであること。

(6)　ガイドラインの4(4)について

　　労働基準法第108条においては，賃金台帳の調製に係る義務を使用者に課し，この賃金台帳の記入事項については労働基準法施行規則第54条並びに第55条に規定する様式第20号及び第21号に，労働日数，労働時間数，休日労働時間数，時間外労働時間数，深夜労働時間数が掲げられていることを改めて示したものであること。

　　また，賃金台帳にこれらの事項を記入していない場合や，故意に虚偽の労働時間数を記入した場合は，同法第120条に基づき，30万円以下の罰金に処されることを示したものであること。

(7)　ガイドラインの4(5)について

　　労働基準法第109条において，「その他労働関係に関する重要な書類」について使用者に保存義務を課しており，始業・終業時刻等労働時間の記録に関する書類も同条にいう「その他労働関係に関する重要な書類」に該当するものであること。これに該当する労働時間に関係する書類としては，労働者名簿，賃金台帳のみならず，出勤簿，使用者が自ら始業・終業時刻を記録したもの，タイムカード等の労働時間の記録，残業命令書及びその報告書並びに労働者が自ら労働時間を記録した報告書等があること。

　　なお，保存期間である3年の起算点は，それらの書類毎に最後の記載がなされた日であること。

(8)　ガイドラインの4(6)について

　　人事労務担当役員，人事労務担当部長等労務管理を行う部署の責任者は，

第1章　労働時間・休憩時間・休日の実務　　**153**

労働時間が適正に把握されているか，過重な長時間労働が行われていないか，労働時間管理上の問題点があればどのような措置を講ずべきか等について，把握，検討すべきであることを明らかにしたものであること。

(9)　ガイドラインの4(7)について

ガイドラインの4(7)に基づく措置を講ずる必要がある場合としては，次のような状況が認められる場合があること。

ア　自己申告制により労働時間の管理が行われている場合

イ　一の事業場において複数の労働時間制度を採用しており，これに対応した労働時間の把握方法がそれぞれ定められている場合

また，労働時間等設定改善委員会，安全・衛生委員会等の労使協議組織がない場合には，新たに労使協議組織を設置することも検討すべきであること。

2　ガイドラインの遵守のための指導等

(1)　監督指導において，ガイドラインの遵守状況について点検確認を行い，使用者がガイドラインに定める措置を講じていない場合には，所要の指導を行うこと。

(2)　自己申告制の不適正な運用等により労働時間の適正な把握が行われていないと認められる事業場に対しては，適切な監督指導を実施すること。また，使用者がガイドラインを遵守しておらず，労働基準法第32条違反又は第37条違反が認められ，かつ重大悪質な事案については，司法処分を含め厳正に対処すること。

3　ガイドラインの周知

本ガイドラインについては，労働相談，集団指導，監督指導等あらゆる機会を通じて，使用者，労働者等に幅広く周知を図ることとし，本通達発出後，集中的な周知活動を行うこと。

(1)　窓口における周知

労働基準監督署の窓口において，就業規則届，時間外労働・休日労働に関する協定届等各種届出，申告・相談等がなされた際に，別途配付するリーフレットを活用し，本ガイドラインの周知を図ること。

(2)　集団指導時等における周知

労働時間に係る集団指導，他の目的のための集団指導，説明会等の場を通じて積極的に本ガイドラインの周知を図ること。

154　第2部　改正労基法による労働時間管理の実務

　　特に，自己申告制により労働時間の把握を行っている事業場等については，これを集団的にとらえ，本ガイドラインの周知を図ること。

　4　その他
　　平成13年4月6日付基発第339号「労働時間の適正な把握のために使用者が講ずべき措置に関する基準について」又は「労働時間の適正な把握のために使用者が講ずべき措置に関する基準」を引用している通達等において，平成13年4月6日付基発第339号「労働時間の適正な把握のために使用者が講ずべき措置に関する基準について」又は「労働時間の適正な把握のために使用者が講ずべき措置に関する基準」とあるのは，それぞれ，平成29年1月20日付基発0120第3号「労働時間の適正な把握のために使用者が講ずべき措置に関するガイドラインについて」又は「労働時間の適正な把握のために使用者が講ずべき措置に関するガイドライン」と読み替えるものとすること。

Ⅱ　法定労働時間（労働時間の限度）

【1】　1週40時間・1日8時間労働の原則とは

1．1週あたりの法定労働時間は

(1)　原則は1週間40時間

　法定労働時間とは，労基法で定められている労働時間の限度のことです。現在，週40時間労働制が全面的に実施されています。使用者は，労働者に1週間について40時間を超えて労働させてはなりません（労基法32条1項）。

　この場合「1週間」とは，その事業場において就業規則等で，例えば「水曜日から翌週の火曜日まで」と定めていれば，それがその事業場における1週間です。特に定めがない場合は，日曜日から土曜日までの暦週を意味します。

(2)　特例措置対象事業場は1週44時間

　図表2-1に掲げる業種で，常時10人未満の労働者を使用する事業場の法定

労働時間は，現在，1週44時間となっています。

この場合，事業場の規模（労働者数）は，企業全体の規模をいうのではなく，工場，支店，営業所等の個々の事業場の規模をいいます。

「常時10人未満の労働者を使用する」というのは，正社員，契約社員，派遣労働者，パートタイマー，アルバイター，日雇いのすべてを含めて，いつも9人までの労働者を雇い入れ，使用しているということです。

人材派遣会社から受入れ使用している派遣労働者は除かれます。その事業場で雇用していないからです。

【図表2－1】 小さな会社は1週44時間までOK

2．1日あたりの法定労働時間は

使用者は，労働者に，休憩時間を除き1日について8時間を超えて労働させてはなりません。1日とは，原則として，暦日（午前0時から午後12時まで）のことです。ただし，交替制勤務などで，1勤務が2暦日にわたる場合（例えば，9月1日午後10時から翌朝の9月2日午前7時までの勤務）には，労基法では，例外的に，始業時刻の属する日（9月1日）の1日勤務として取り扱われます（図表2－2）。

【図表２−２】　２暦日にわたる勤務を１日として取り扱う例

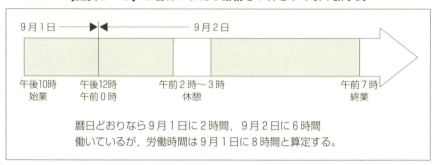

３．時間外労働についての割増賃金支払義務は

　使用者が，従業員を１日８時間または１週40時間（特例措置対象事業場は44時間）を超えて労働させると２割５分以上増しの割増賃金を支払わなければならなくなります。さらに，１カ月間に60時間を超えて労働させると５割以上増しの割増賃金を支払わなければなりません（労基法37条）。

【２】　法定労働時間の特例（変形制・みなし制等）とは

　労働時間の限度（法定労働時間）についての原則は，１日８時間，１週40時間です。しかし，労基法では，図表１−２（本書４頁）のように，変形労働時間制・みなし労働時間制による特例，業種・業務による特例，年齢による特例を認めています。
　これらの特例制度・措置を適法かつ有効に利用することが，会社の労働時間管理のポイントの１つです。

【３】　労働時間の８つのハードルとは

　労働者の過重労働を防ぐために，労基法等と労災保険法，安衛法で，労働時間に関して図表２−３のような８つのハードルが設けられています。使用者が労働者を働かせる場合には，これらをすべて守らなければなりません。

第1章　労働時間・休憩時間・休日の実務　　**157**

【図表2－3】労働時間についての8段階の規制（法改正後）
—アンダーラインの部分は平成30年改正部分—

① 所定労働時間（会社が就業規則，労働契約書で定めた労働時間）

↓

② 法定労働時間（労基法で定める1日8時間，1週40時間の限度）

↓

③ みなし労働時間制，変形労働時間制，フレックスタイム制の場合の特別な限度時間

↓

④ 時間外・休日労働に関する労使協定（36協定）を結び，割増賃金を支払う義務（②，③の限度時間を超えて労働させる場合）

↓

⑤ 時間外労働の限度基準（1カ月間に45時間，1年間に360時間）

↓

⑥ 時間外・休日労働に関する労使協定の特別条項による特例
（年間720時間未満，1カ月100時間未満．2～6カ月平均で80時間未満。これらの違反には罰則が科される）

↓

⑦ 労災保険のいわゆる過労死認定基準（1カ月間で100時間超，2～6カ月間の平均で80時間超が該当）

↓

⑧ 1カ月に100時間超の時間外労働が行われた場合の産業医等による面接指導

※注　①～⑥は労働基準法，⑦は労災保険法，⑧は安衛法による規制

【4】　いわゆる過労死，過労自殺の問題とは

1．労働者の死をまねく過重な業務負担

　いわゆる「過労死」が，労災補償の面で大きな社会問題となっています。過労死とは，過度な長時間勤務などの大きな肉体的・精神的負担によって，人間の生体リズムが崩れ，生命維持の機能破綻をきたして死に至った場合をいいます。ただし，脳・心臓疾患などは，もともと加齢に伴う高血圧や動脈硬化など

のある人が発症する場合が多いので，どのような場合に「働きすぎが原因」といえるかが問題となります。

そこで，厚生労働省が定めた次の，いわゆる過労死認定基準があります。

- ●発症直前から前日までに，業務上異常な出来事に遭遇したこと
- ●発症前の1週間に特に過重な業務に従事したこと
- ●発症前の6カ月間に，1カ月間の時間外労働が100時間を超える月がある場合
- ●発症前の2～6カ月の間の時間外労働時間が1カ月平均で80時間を超える場合

ただし，これはあまりにも厳しい基準だったため，相次いで行政訴訟が提起されて国側が敗訴し，また，世論も無視できない状況となりました。そのため，順次基準を緩和し，現在では発症の直前だけでなく，慢性的な蓄積疲労による影響も考慮されるようになっています。

2．いわゆる過労自殺の認定はまだまだ厳しい

いわゆる過労死と並んで大きな問題となっていることに，仕事のストレスや蓄積疲労が原因となって精神障害を発症し，ついに自殺に至ってしまう，いわゆる「過労自殺」があります。現在，厚生労働省によって，過労による精神障害（うつ病等）の影響で自殺に至った場合は，原則として，労災であると認定していますが，依然として過労自殺の認定割合は低く，その救済は厳しいものがあります。

過労自殺の判断基準は，①精神障害の発症，②発症前6カ月の間に，業務による強い心理的負荷があったこと，③業務以外の心理的負荷からその労働者本人の素質等により発症したものではないこと，とされています。

判断の方法としては，「職場における心理的負荷評価表」に労働者が受けた出来事を当てはめていく作業をします。そして，最終的に総合評価で心理的負荷の強度が「強」とされてはじめて労災認定されます。

平成12年には，大手広告会社が従業員の過労自殺の損害賠償として，1億6,800万円を支払うという事例がありました。この裁判では，会社側は従業員の

第1章　労働時間・休憩時間・休日の実務　　**159**

健康状態が悪化していることに気づきながら，放置していたことが問題となったのです。

【5】　平成22年4月施行の改正労基法の改正ポイントは

1．ポイントは

平成22年4月1日から施行された平成21年改正労基法の改正ポイントは，次のとおりです。

① 　使用者は，1カ月間に60時間を超える時間外労働については，「50％以上」の割増賃金を支払わなければなりません。

② 　中小企業（図表2－4の②）については，当面，上記①の取扱いが適用除外されます。

③ 　使用者は，1年間に5日分の年次有給休暇については，労使協定を結ぶことにより，労働者に1時間単位で与えることができます。

2．労基法改正の目的は

労基法改正（平成22年施行）の目的は，長時間労働を抑制し，労働者の健康を守るとともに仕事と生活のバランスのとれた働き方ができるようにすることです。

3．時間外労働の割増賃金率のアップとは

割増賃金率アップの具体的な内容は，図表2－4のとおりです。

4．割増賃金率引上げの努力義務とは

割増賃金率引上げの努力義務についての規定内容は図表2－5のとおりです。努力義務というのは，「できるだけ○○のように努力してください。」という

160　第2部　改正労基法による労働時間管理の実務

ことです。「必ず行ってください。」ということではありません。

　したがって，この規定に違反しても，罰則はありません。

5．年次有給休暇を時間単位で与えることもできるというのは

　会社は，次の内容の労使協定を結ぶことにより，1年間に5日分の年次有給休暇を，時間単位で与えることもできます。与えなくても適法です。その事業場にこの制度が実施された場合，年休を1日単位でとるか，時間単位でとるかは，従業員が自由に選択できます。

① 対象労働者の範囲

　　事業の正常な運営が妨げられる場合は，対象外にできる。

② 時間単位年休の日数

　　前年度からの繰越しがあっても，繰越分を含めて，1年度について5日以内。

③ 時間単位年休1日の時間数

　　所定労働時間をもとに1日分の年次有給休暇に対応する時間数を定める。

　　1時間に満たない端数がある場合は，時間単位に切り上げて計算する。

④ 1時間以外の単位とする場合は，その時間数

　　例えば，2時間単位としてもよい。

【図表2－4】　時間外労働の割増賃金率アップの内容（平成22年4月1日～）

項　目	説　　明	
①改正内容	これまでは，時間外労働の割増賃金率は25%でした。 　次の②の中小企業を除く会社は，平成22年4月1日からは，1カ月60時間を超える時間外労働について，50%以上の割増賃金を支払わなければならなくなりました。	
②中小企業に対する猶予措置	次の中小企業については，当分の間，上記①の適用が猶予されました。 　平成30年労基法改正により，平成35年からは中小企業に対する猶予措置が廃止されます。	
	小売業 （飲食業を含む）	資本金5,000万円以下または従業員50人以下
	卸売業	資本金1億円以下または従業員100人以下

第1章 労働時間・休憩時間・休日の実務　**161**

	サービス業	資本金5,000万円以下または従業員100人以下
	その他の業種	資本金3億円以下または従業員300人以下

③平成22年4月1日からの割増賃金率の取扱い	平成22年4月1日からの時間外・休日・深夜労働の割増賃金率は，次のとおりとなりました。 [時間外・休日・深夜労働の割増率] （下表参照）

[時間外・休日・深夜労働の割増率]

条　件	割増率
時間外労働	通常賃金の25％以上増。ただし，中小企業を除き，1カ月間に60時間を超える場合は50％以上増
深夜労働	通常賃金の25％以上増
休日労働	通常賃金の35％以上増 （法定休日に1日8時間を超えて働いても同じ）
時間外＋深夜労働	通常賃金の50％以上増
休日＋深夜労働	通常賃金の60％以上増

④割増賃金率の引上げ分（25％）の代替有給休暇	割増賃金率の引上げ分（25％）を年次有給休暇とは別の代替有給休暇の付与にしてもよいことになっています。この引上げ分（25％）に代わる休暇付与は，次のようになります。

引上げ分の割増賃金を支払う代わりに，有給の休暇を付与する制度を，労使協定で設けてもよい。

支払われる賃金

1.5（50％の割増賃金）

1.25（25％の割増賃金）

1（通常の賃金）

時間外労働なし

0時間　　60時間

1カ月の時間外労働時間数

⑤代替有給休暇の時間の算定方法	代替の有給休暇の時間数は，<u>1カ月60時間を超える時間外労働数×引上げ分の率（0.25）</u>となります。 　つまり，月92時間時間外労働の場合は32×0.25＝8時間となり，1日（法定労働時間）の有給休暇を付与します。 　月76時間であれば16×0.20＝4時間の有給休暇を与えます。

162　第2部　改正労基法による労働時間管理の実務

【図表2－5】　割増賃金率引上げの努力義務（平成22年4月1日～）

項　　目	説　　　　明
1. 時間外労働協定に定める事項	使用者は，従業員に時間外労働を行わせる場合には，あらかじめ従業員の過半数代表者と時間外・休日労働協定を結び，労基署に届け出なければなりません（労基法36条）。 　この中に，新たに次の3つのことを記載しておくことが義務付けられました。 ①　限度時間（1カ月45時間，1年間360時間）を超える時間外労働の割増賃金率を定める義務がある。 ②　上記①の率は，25％を超える率にするよう努める義務がある。 ③　限度時間を超える時間外労働をできるだけ短くするよう努める義務がある。
2. 会社の割増賃金率アップの努力義務	会社は，上記1のように定められたことにより，法定の割増賃金率を上回って支払うように自主的に努力することを求められます。 　大企業については，法定割増率は，1カ月45時間までは25％です。 　しかし，1カ月45時間（限度時間）を超え60時間までについては25％を超える率とするように自主的努力が求められます。 　1カ月の時間外労働時間数増加による割増賃金率のアップは，次のようになります。

改正前
（平成22年3月31日まで）

平成22年4月1日から

	大企業	中小企業	大企業	中小企業
60時間	25％ （法定）	25％ （法定）	50％ （法定）	25％超 （努力義務）
	25％ （法定）	25％ （法定）	25％超 （努力義務）	25％超 （努力義務）
45時間（限度時間）	25％ （法定）	25％ （法定）	25％ （法定）	25％ （法定）

Ⅲ 労働時間の範囲

【1】 拘束時間とは

1．拘束時間とは

　拘束時間とは，労働者が会社（使用者）の敷地内，構内に入門してから退門するまでの時間のことをいいます。会社の敷地内，構内にいる時間のことです。この拘束時間の間，労働者は使用者から何かしらの管理・拘束を受けるわけです。

2．拘束時間の内訳は

拘束時間は，次の①～③に分類できます（図表2－6）。
①労働時間　　　使用者の指揮監督下にある時間
②休憩時間　　　労働時間の途中で，労働から離れることが保障されている時間
③構内自由時間　入門から労働まで，および労働終了後退門までの自由利用時間

【図表2－6】　労働時間

164　第2部　改正労基法による労働時間管理の実務

【2】　労働時間（実労働時間）とは

1．労働時間（実労働時間）とは，使用者の指揮監督下にある時間

　労基法において労働時間（実労働時間）というときは，休憩時間を除いた「実労働時間」のことを指します。つまり，労働時間＝実労働時間なのです。

　では，「実労働時間」というからには，仕事中に生産ラインが止まって従業員が待機させられたり，接客業でお客さんが来ていない時間などは賃金カットされてしまうのかというと，そんなことはありません。

　労基法でいう「労働時間（実労働時間）」とは，「実際に手を動かしている，何かやっている時間」ではなく，「使用者の指揮監督下にある時間」のことをいうのです。

2．労働時間に含まれる時間は

労働時間には，次の3つの時間が含まれます。
①　実作業時間

　　これは，実際に作業を行っている時間です。
②　手待（てまち）時間

　　これは，例えば，運転手が2名トラックに乗り込んで交替で運転にあたる場合，運転しない者が助手席で休憩，仮眠をとっている時間等を「手待時間」といいます。この時間も実労働時間に含まれます。実作業はしていませんが，いつでも運転を交替できるように待機しており，労働者が使用者の指揮監督の下を離れて自由に利用できるわけではないからです。
③　準備・整理時間

　　これは，作業に必要不可欠な準備，引継ぎと作業後の整理清掃等を，使用者の支配下で行う時間です。

　これら3つの時間は，使用者の明示または黙示の指揮命令の下で行われている限りは，労働時間となります。

　そして，労働者が使用者の指揮命令下にある状態が「労働時間」であり，一

第1章　労働時間・休憩時間・休日の実務　　**165**

方，使用者の指揮監督から完全に解放されている時間が「休憩時間」となるのです。

したがって，実際に作業をしている時間が労働時間に入ることはもちろん，作業の途中で次の作業を待って待機している状態（手待時間）や，作業の準備や整理を行う時間も，労働時間に含まれます。

例えば，飲食店のスタッフが，客足が途絶えて店内で待機しているような状態や，受付業務で実際に来客者が誰もいないような時間も，労働時間となるのです。

【3】　法定労働時間，所定労働時間，契約労働時間，実労働時間の違いは

これらは，次のように異なるものです（図表2－7）。

1．法定労働時間とは

法定労働時間とは，労基法で，使用者が労働者をその時間を超えて労働させてはならないと定められている労働時間の限度のことです。1週間あたりの法定労働時間は，原則40時間（特例措置対象事業場は，44時間），1日あたりの法定労働時間は原則8時間です。

2．所定労働時間とは

所定労働時間とは，その事業場で，就業規則（または労働契約書）で定められている労働時間のことです。例えば，午前9時始業，正午から午後1時まで休憩，午後5時終業となっていれば，その事業場の1日の所定労働時間は7時間です。

3．契約労働日，契約労働時間とは

そのパートタイマー（短時間労働者）が会社と労働契約を結んだ労働日，労働時間のことです。例えば，週3日（月～水），1日4時間（午後1時～午後5時）勤務のパートタイマーの場合は，これらが，そのパートの契約労働日，契約労働時間です。

4．実労働時間とは

その労働者が実際に働いた（管理監督者の指揮命令の下にあった）時間のことです。この時間が賃金支払いの対象となります。前記2．の所定労働時間の事業場で午前9時から午後7時まで働けば，実労働時間は9時間です。

【図表2－7】「労働時間」のいろいろ

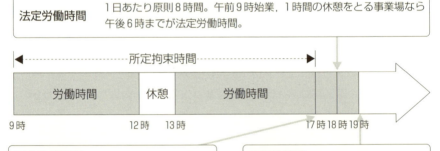

【4】 実労働時間の起算点は

実労働時間の起算点は，その労働者が，いつの時点から使用者の指揮監督下に入ったかで判断されます。

第1章　労働時間・休憩時間・休日の実務　　**167**

例えば，就業規則（または労働契約書）において，工場への入門時刻（午前
8時15分）と作業開始時刻（8時30分）の双方が定められるとします。

作業開始時刻には間にあっても入門時刻に間にあわないときは遅刻として取
り扱われるような場合には，入門時点から使用者の指揮監督下に入っているこ
ととなり，実労働時間の起算点は入門時刻からとなります。

【5】 「研修」「着替え」「移動」の時間は労働時間か

労働者が会社で過ごす時間の中には，「使用者の指揮監督下にあるのかどう
か」わかりにくい時間もあります。どのような時間が労働時間になるのか，な
らないのかについて，具体的な例を見てみましょう。

1．教育・研修・会合の受講時間は

使用者の行う教育，研修に参加する時間を労働時間とみるかどうかは，実質
的にみてその教育，研修への出席の強制があるか，否かによって判断されます。

参加しないと制裁が科されると就業規則に定めてあったり，教育・研修と業
務との関連性が強く，それに参加しない場合には労働者本人の業務遂行に具体
的な支障が発生する場合には，労働時間になります。

法令に定める安全衛生教育の受講や安全衛生委員会への出席の時間は，労働
時間です。

2．健康診断の受診時間は

一般健康診断を受ける時間は労働時間に含まれません。もちろん，会社の判
断で労働時間に含めてもさしつかえありません（労働者にとって有利な取扱い
ですから）。他方，X線業務従事者等の特殊健康診断は，事業の遂行に際して当
然実施されなければならないものなので，労働時間に含まれます。

3．作業服・制服の更衣，朝礼などの準備時間は

　作業服，安全靴などの着替えや，着用するものが法令，業務の性質から不可欠な場合，または使用者によって義務付けられている場合には，それらに費やす時間は労働時間といえます。また，始業時間前に点呼，朝礼，体操への参加が義務付けられている場合も労働時間です。

　一方，参加が労働者の自由でさしつかえない場合は，労働時間となりません。例えば，自由参加のラジオ体操の時間などです。

4．通勤・移動時間は

　通勤時間は，原則として，労働時間ではありません。一方，就業時間中のA所からB所への移動時間は，当然，労働時間に含まれます。

5．入浴時間は

　原則として労働時間には含まれません。ただし，坑内労働の場合には，労働時間に含まれます。

6．接待飲食・ゴルフコンペ等の時間は

　これらの時間は，特命によって宴会の準備を命じられた者，送迎の自動車運転手等のほかは，原則として，労働時間に含まれません。

　以上のように，労働時間には，実際に働いているわけではなくても，使用者の指揮命令下に置かれている時間や，業務そのものでなくても，その業務を遂行するために必要な行為をする時間も含まれます。

　使用者の指揮命令下に置かれていないというのは，言い換えれば，労働者が自由に労働から離れることを保障されている場合のことです。

第1章　労働時間・休憩時間・休日の実務　　**169**

【6】　手待時間と休憩時間の違いは

　手待時間とは，具体的な作業には従事していませんが，上司等から声がかかったらすぐに作業にとりかかれるように待機している時間のことです。

　手待時間中，労働者は使用者の指揮命令下に置かれ，自由に持場を離れる自由はないので，労働時間となります。

　他方，休憩時間は，労働者は自由に使用者の指揮命令下を離れ，持場から離れることが認められています。したがって，労働時間からは除かれています。

【7】　仮眠時間の取扱いは

　例えば，24時間体制のビル管理業務における，24時間連続勤務中の8時間の仮眠時間（仮眠時間中に警報が鳴った際には一定の対応をとる必要がある場合）はどのように取り扱ったらよいでしょうか。

　「実労働時間」とは，会社の指揮命令下にある時間をいいます。したがって，働いていなくても，いつでも働けるように待機している時間も実労働時間となります。

　前述のケースの場合，仮眠しているからといっても，警報に対応することが義務付けられているのであれば，この仮眠時間は手待時間であり，実労働時間となります。

　他方，これが仮に，労働者が権利として完全に指揮命令から離れ，自由に利用することが保障されている時間であった場合には，実労働時間に該当しません。

　なお，監視・継続的労働で，労基署の許可を受けた場合は，労基法に定める労働時間，休憩時間，休日に関する規定が適用除外になります（労基法41条）ので，疑義がある場合は労基署に問い合わせることをおすすめします。

170　第２部　改正労基法による労働時間管理の実務

【8】　労働時間の通算とは

1．労基法の取扱いは

　労働時間の計算にあたっては，その労働者が，１つの会社の複数の事業場で働く場合にも，これらの労働時間を通算した時間で労基法の労働時間に関する規定が適用されます。

　したがって，１人の労働者が１日のうち，１つの会社のＡ事業場で働いた後でＢ事業場で働くような場合であっても，これらを合計した労働時間について，労基法の規定に違反しないようにしなければなりません。

2．兼業も含む

　上述１．のことは，１人労働者が複数の会社で働く場合も同様です。Ａ女性が昼間Ｂ事業所で６時間働き，夜コンビニで３時間働いた場合は，１日の実労働時間は９時間となります。

3．適用される法規定は

　労働時間の通算は，法定労働時間（労基法32条〜32条の５，40条），法定休日（35条）はもちろんのこと，時間外・休日労働の割増賃金（37条），時間外労働・休日労働に関する労使協定の締結・届出（36条），年少者の労働時間（60条）等の規定を適用するにあたっても行われます。

　したがって，例えば，Ａ事業場で６時間働いたあとでＢ事業場で３時間働く場合には，その労働者にそれらの労働をさせた使用者は，前記の労使協定の締結，割増賃金の支払いが必要となります。

4．対応義務はどちらの事業場か

　前記３．の場合，労使協定を結び，割増賃金を支払わなければならないのは，

第1章　労働時間・休憩時間・休日の実務　　**171**

原則として，後で労働契約を結んだ事業場です。後で契約した使用者（会社）は，労働契約の締結にあたって，その労働者が他の事業場で労働しているか否かを確認したうえで行うべきだからです。

　ただし，AとBの事業場でそれぞれ4時間ずつ働いている者の場合，A使用者（会社）が，この後，B事業場で4時間働くことを知りながら，労働時間を延長するときは，A使用者が時間外労働の手続きをしなければなりません。それは，時間外労働を命ずることとなった使用者が労基法違反者となるからです。

Ⅳ　休憩時間

【1】　休憩時間を与える義務とは

1．労基法の規定内容は

　使用者は，労働時間が1日に6時間を超え8時間までの場合においては少なくとも45分，8時間を超える場合においては少なくとも1時間の休憩時間を，労働時間の途中に与えなければなりません（労基法34条1項）。休憩時間のルールは，図表2－8のとおりです。

　休憩時間とは，労働者が労働の間に，労働（使用者の指揮命令）から離れることを保障されている時間のことをいいます。

　パートタイマーのように，例えば，1日の実労働時間が6時間までの場合には，休憩時間を，まったく与えなくても労基法には違反しません。しかし，実労働時間が6時間を超え，8時間までの場合には，45分の休憩時間を与えなければなりません。つまり，1日8時間労働の場合には，45分与えれば適法です。また，変形労働時間制やフレックスタイム制で勤務する場合のように，1日10時間や11時間働く場合も，労基法上は1時間の休憩時間で足ります。

2．休憩時間の与え方は

　休憩時間は1回にまとめて与えても，また，2回なり3回なりに分けて与え

172　第2部　改正労基法による労働時間管理の実務

てもさしつかえありません。例えば，昼休み40分間，午後3時の休み20分間と
してもよいわけです。休憩時間の配置については，「労働時間の途中に与えな
ければならない」と規定されているのみで，何時から何時までの間に与えなけ
ればならないとは規定されていません。

3．休憩時間付与義務の適用除外とは

　使用者は，次の①と②の者には，休憩時間を与えなくても労基法上さしつか
えありません（労基則32条）。

①　列車，電車，自動車，船，航空機等に乗務する運転手，操縦士，車掌，
　荷扱手，給仕等

　　これらの者のうち継続して乗務する者はすべて休憩時間不要です。6時
　間未満の継続乗務については，その者の業務の性質上休憩時間を与えるこ
　とができないと認められる場合で，しかもその勤務中における停車時間，
　折返しによる待合せ時間等の合計が休憩時間なみにある場合に限って，休
　憩時間を与えなくてもかまいません。

②　屋内勤務者30人未満の郵便局の郵便，電気通信の業務に従事する者
　　これらの者の休憩時間も不要です。

4．休憩時間についての賃金支払義務は

　使用者は，休憩時間中は労働を命じていないので，賃金を支払う必要はあり
ません。

第1章　労働時間・休憩時間・休日の実務　　**173**

【図表2－8】休憩時間のルール

1　休憩時間の長さ
労働時間　6時間超～8時間まで：45分 　　　　　8時間超　　　　　：60分

2　休憩時間の与え方
1回にまとめても，数回に分けても可

3　同一事業場一斉付与の原則
［例外］ ①8業種（運輸交通業，商業，金融広告業，映画・演劇業，通信業，保健衛生業，接客娯楽業，官公署の事業） ②労使協定を結んだ場合

4　労働者の自由利用の原則

【2】　「休憩時間は1日に3時間」は認められるか

　一般の労働者の場合には，例えば，1日について休憩時間を3時間，労働時間を8時間，合わせて拘束時間11時間でも適法です。ただし，バス，タクシー，列車の運転手等については，拘束時間は，原則として，1日に13時間までとするなど規制が設けられています。その他，適法な休憩時間のパターン例は図表2－9のとおりです。

174　第2部　改正労基法による労働時間管理の実務

【図表2-9】休憩時間のパターン例

一般の会社			
	9:00	休憩 12:00〜13:00	18:00

工場など				
	9:00	12:00〜12:45	15:00〜15:15	18:00

飲食店など			
	11:00	14:00〜16:00	21:00

【3】　休憩時間の一斉付与の原則とは

1．休憩時間の一斉付与の原則とは

休憩時間は，原則として，事業場ごとに，全労働者に一斉に与えなければなりません（労基法34条2項）。

2．交替休憩が認められる場合は

次の2つの場合には，交替休憩（一斉休憩の適用除外）が認められます。

① 公衆を直接相手にする次の8業種（図表2-8の3参照）。

② ①以外の業種で，次のイ，ロの事項について「労使協定」を結べば，その定めにより交替で休憩を与えることができます。この協定は労基署等への届出は不要です。

　イ　一斉に休憩を与えない労働者の範囲

ロ　イの労働者に対する休憩の与え方

3．交替休憩制に関する労使協定とは

　労使協定とは，使用者が，事業場ごとに，１）その事業場の労働者の過半数で組織する労働組合がある場合においては，その労働組合，２）１）の組合がない場合においては，労働者の過半数を代表する者（１）と２）をあわせて労働者の過半数代表者といいます）と，書面により下記のように所定事項を定めたものです。

【規定例19】労使協定のモデル例（一斉休憩の適用除外）

一斉休憩の適用除外に関する労使協定書

　○○販売株式会社と従業員の過半数代表者△△△△は，休憩時間について，以下のとおり協定する。

記

一　店舗における販売業務に従事する従業員については，班別交替で，休憩時間を与えるものとする。

二　各班の休憩時間は，次に定めるとおりとする。
　　第１班　午前11時30分〜午後０時30分
　　第２班　午後０時30分〜午後１時30分

三　出張等のため，本人の属する班の時間帯に休憩時間を取得できない場合には，所属長が事前に指定して他の班の休憩時間の時間帯を適用する。

四　本協定は，平成○○年○月１日から効力を発する。

平成○○年○月25日

○○販売株式会社
　代表取締役　○○○○　㊞
○○販売株式会社　衣料販売部
　　　　△△△△　㊞

176　第2部　改正労基法による労働時間管理の実務

【4】　休憩時間の自由利用の原則とは

1．休憩時間の自由利用の原則とは

　休憩時間は，労働者に自由に利用させなければなりません（労基法34条3項）。仮眠もさしつかえありません。ただし，休憩の目的を害さない程度であれば，事業場の施設管理，服務規律，企業秩序保持のうえで必要な制限を加えてさしつかえありません。企業施設内でのビラ配布行為，政治的行動等について，判例は合理性のある範囲内での制限を認めています。

　休憩時間中の外出を許可制とすることは，事業場内で自由に休憩しうる場合には，必ずしも違法ではありません（通達）。もちろん，使用者が不許可とするには正当な理由が必要です。

2．自由利用の原則の例外は

　次の①，②の労働者は勤務の性質上，休憩時間中であっても一定の場所にいなければならないため，休憩時間の自由利用の原則は適用されません。
　①　警察官，消防吏員，常勤の消防団員及び児童自立支援施設に勤務する職員で児童と起居をともにする者
　②　乳児院，児童養護施設及び障害児入所施設に勤務する職員で児童と起居をともにする者
　③　児童福祉法に規定する居宅訪問型保育事業に使用される労働者のうち，家庭的保育者として保育を行う者
　②については，勤務の態様等について労基署長の許可を条件としています（労基則33条2項）。

【5】　休憩時間中の電話対応の取扱いは

　休憩時間中は，会社の指揮命令を受けない自由，職場を離れる自由が保障されていなければなりません。また，休憩時間は原則，その事業場の全従業員に

第1章　労働時間・休憩時間・休日の実務　　**177**

一斉に与えなければなりません。ただし，休憩時間を一斉に与えることが困難な商業，接客娯楽業等の業種または労使協定を結んだ場合は，一斉に与えなくてもよいことになっています。

　それでは，休憩時間中にも頻繁に客からの電話があり落ち着いて昼食もとれないにもかかわらず，勤務時間ではなく休憩時間として扱われている，といったケースではどうでしょうか。

　休憩時間なのに電話を取らなければならないという状態は，「会社の指揮命令を受けない自由，職場を離れる自由が保障されている」という条件に完全に抵触します。このため，会社とその事業場の従業員の過半数を占める労働組合の代表者とで労使協定を結び，交替休憩制にすることが考えられます。

　例えば，各課で1人ずつ昼の休憩時間（正午〜午後1時）中の電話当番を決め，この従業員は，昼休み中は勤務として電話当番をします。代わりに，午後1時から2時まで休憩時間を与えます。他の従業員は今までどおり正午から午後1時まで休憩時間とします。

Ⅴ　休　日

【1】　休日を与える義務とは

1．週休制の原則とは

　週休制の原則とは，使用者は，労働者に所定休日（就業規則または労働契約書で定められた労働義務のない日）を，毎週少なくとも1回与えなければならないという原則です（労基法35条1項）。

　つまり，毎週1日は休ませなさいということです。週休2日制の会社もたくさんありますが，これは労基法上の義務ではないのです。

2．4週4休制とは

(1) 労基法の規定は

労基法は，変形労働時間制を認めているのと同様の趣旨から，厳格な週休制を実施できない場合については，変形休日制，すなわち4週間を通じ4日以上の休日を与えることを認めています（労基法35条2項）。

「4週を通じ4日」の意義については，特定の4週間に4日の休日があればよく，どの4週間を区切っても4日の休日が与えられていなければならないということではありません（図表2−10）。

(2) 4週間の起算日の周知義務は

使用者は，労基法35条2項の規定（4週間を通じ4日以上の休日の付与義務）により労働者に休日を与える場合には，就業規則，労働契約書（兼労働条件通知書），または一般の文書により労働者に対して，4日以上の休日を与えることとする4週間の起算日を明らかにしなければなりません。

3．休日を与えなくてよい者は

次の者については，労基法の休日付与義務の規定（35条）が適用除外されています。つまり，休日を与えなくても適法です。

① 農業，畜産・蚕産・水産業の従事者
② 労基法41条に規定する管理監督者
③ 機密事務取扱者（秘書等）
④ 監視・断続的労働従事者で，労基署長の許可を受けた者（門番，守衛，幹部社員専用自動車運転手，宿・日直従事者など）

第1章 労働時間・休憩時間・休日の実務　179

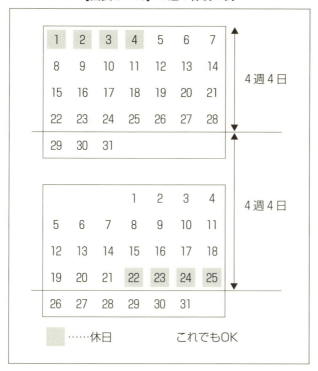

【図表2-10】 4週4休制の例

【2】 暦日休日制とは

1．暦日休日制の原則とは

　労基法でいう休日（法定休日）とは，労働契約において労働義務がないとされている日のことです。つまり，使用者が，あらかじめ労働者を休ませる約束をしている日のことです。

　労基法にいう休日は，原則として，暦日，すなわち，午前0時から午後12時までの24時間のことをいいます。午前0時から午後12時までの間に勤務しない場合が休日であり，所定休日とされている日でも前日の労働が延長されて午前0時を超えて労働した場合などは，休日を与えたことになりません。

180　第2部　改正労基法による労働時間管理の実務

2．暦日休日制の例外は

(1)　番方編成の場合は

　暦日休日制については，勤務の態様により若干の例外（継続24時間制）を認めています。番方編成による交替制勤務の場合で次のいずれにも該当するときは，休日は継続24時間を与えれば差し支えないとしています（図表2－11①）。

　　1）　番方編成による交替制勤務によることが就業規則等により定められており，制度として運用されていること。

　　2）　各番方の交替が規則的に定められているものであって，勤務割表等によりその都度設定されるものではないこと。

(2)　旅館業の場合は

　また，旅館の事業については，特有の業態から，労働者の勤務が事実上客の入館時刻から退館時刻までの二暦日にまたがる時間帯を基準として編成され，休日もこのような事実上の二歴日にまたがる勤務を免除するという形で与えられることがあるのもやむを得ないと認められます。このため，フロント係，調理係，仲番及び客室係に限って，原則として，正午から翌日の正午までの24時間を含む継続30時間の休息が確保されている場合については，当面の取扱いとして，前述の「暦日休日制の原則の例外」を認めています。

　なお，このように取り扱う事業場については，年間の法定休日のうち少なくとも2分の1以上は暦日によって与えること，年間に法定休日数を含めて60日以上の休日を確保することとしています。

　なお，一昼夜交替勤務（例えば，午前8時から翌日の午前8時までの労働と，同じく午前8時から翌日の午前8時までの非番を繰り返すもの）の場合は，非番の継続24時間は休日とは認められず，非番の翌日にさらに休日を与えなければなりません（図表2－11②）。

【図表2－11】休日は暦日の丸一日が原則

休日とは「午前0時から午後12時（翌日の午前0時）までの間を休ませること」とされているが，勤務の形により例外もある。

① 例外1：三交替制連続作業の場合
休日は2日間にわたる継続24時間でよい。旅館のフロント等は継続30時間与える。

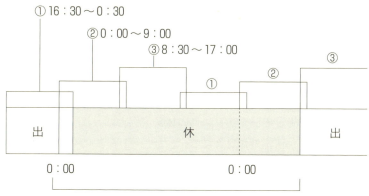

② 原則どおり：一昼夜交替勤務の場合
非番の継続24時間は休日と認められず，非番の日の翌日もさらに休日を与えなければならない。

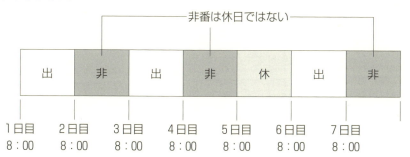

【3】 法定休日と法定外休日の違いは

1．法定休日と法定外休日の違いは

法定休日とは，労基法で，週1回，または4週間に4日与えることが義務付

けられている休日のことです（労基法35条）。

法定休日に働かせた場合には，35％以上の割増賃金を支払わなければなりません。また，あらかじめ「時間外・休日労働に関する労使協定」を，その事業場の全従業員の過半数代表者と結び，労基署長に届け出ておかなければなりません。これらのことを行わないと労基法違反となります。

法定休日は何曜日でもかまいませんし，週によって曜日を変えてもよいことになっています。全従業員に一斉に与えなくても問題ありません。

法定外休日とは，法定休日以外に使用者が自主的に与えている所定休日（あらかじめ，就業規則または労働契約書で労働義務が免除されている日）のことです。事業場が法定外休日にしているものには，次のようなものがあります。

イ　週休 2 日制の場合の法定休日以外の休日（例えば，日曜日が法定休日とすれば，土曜日が法定外休日となる）

ロ　年末年始

ハ　国民の祝日

ニ　会社の創立記念日，メーデーなど

法定外休日の労働については，法定休日のような割増賃金の支払義務はありません。普通の労働日と同じ賃金額を支払えば適法です。また「時間外・休日労働に関する労使協定」の締結義務，届出義務もありません。

2．法定休日に労働させてもよい場合は

使用者は，次のイからハまでの場合には，労働者に法定休日に労働させても労基法違反にはなりません。

イ　使用者が労働者の過半数代表者との間で「時間外・休日労働に関する労使協定」を結んだ場合

ロ　災害その他避けることのできない事由がある場合で，事前に所轄労基署長の許可を受け，または，事後に遅滞なく所轄労基署長に届け出た場合

ハ　非現業公務員につき公務のため臨時の必要がある場合

第1章　労働時間・休憩時間・休日の実務　　**183**

【4】　週休1日制は労基法違反か

　労基法には,「法定休日」というものが定められています。原則として,この法定休日に社員を働かせてはいけないことになっています。ただし,この法定休日は,実は「1週間に1日の休日」(週休1日制)でよいことになっているのです。この休日は必ずしも日曜日でなくてもよいです。また,週休制の代わりに,4週間(特定の28日間)に4日以上の休日を与えるという4週4休制(変形休日制)も認められています(35条)。

　では,週休2日制とはどういうことなのでしょうか。実は週休2日制のうち法定休日(日曜日)のほかのもう1日(土曜日)の休みは,その会社が自主的に定めた「所定休日」というものなのです。

　ちなみに,休日労働については,使用者に通常賃金の35%以上の割増賃金を払うことが義務付けられています。しかし,週休2日制の会社で,もし社員が休日に働く場合に,使用者にこの35%以上の割増賃金支払義務が発生するのは,あくまで「法定休日」(例えば日曜日)です。所定休日(例えば土曜日)に働いた社員に対しては,時間外労働として25%以上の割増賃金が支払われます。

　このように,現在,週休1日の企業は少数ですが,労基法違反というわけではないのです。

【5】　「休日の振替え」と「代休の付与」の違いは

1.　振替休日とその要件は

　「休日の振替え」とは,図表2-12のように,あらかじめ,所定休日に定められている日(例えば日曜日)を労働日とし,その代わりに他の労働日(例えば木曜日)を休日にするものです。日曜日に働かせて,木曜日に休ませることになりますが,この場合は,入れ替わって新たに労働日となった日(日曜日)に働くもので,休日労働ではありませんから,「休日の振替え」を行う前と比較して,賃金支払額はまったく変化ありません。

184 第2部 改正労基法による労働時間管理の実務

2．「休日の振替え」の要件は

「休日の振替え」が認められるためには，次の3要件を満たさなければなりません。

① 就業規則に，休日の振替えを行うことができること，どのような場合に振替えを行うか，および振替日を定めておくこと。

② 所定休日が来る前に振替え休日を対象労働者に具体的に示すこと。

③ 少なくとも4週4日の法定休日が確保されるように行うこと（したがって，振替え日は4週間以内の日に特定しなければならない）。

「休日の振替え」は，特定の事業場全体に行っても，事業場のうちの特定の部署や特定の従業員に行ってもさしつかえありません。

【図表2－12】休日の振替え

（普段の勤務） ─────▶ （休日の振替え）

日	所 定 休 日 ──▶ 労 働 日
月	
火	
水	
木	所定労働日 ──▶ 休 日
金	
土	

事前に，普段の休日と労働日を入れ替える

【図表2－13】代休の付与

（普段の勤務） ─────▶ （代休の付与）

日	所 定 休 日 ──▶ 所定労働日に働かせる
月	
火	
水	
木	所定労働日 ──▶ 所定労働日に休ませる
金	（代休の付与）
土	

3.「代休の付与」とは

「代休の付与」とは，図表2-13のように，所定休日（例えば日曜日）に社員を働かせ，その代わりに，後日，労働日（例えば木曜日）に労働を免除することです。

代休の付与における所定休日（日曜日）の労働は，労基法上の休日労働になります。このため，休日労働の割増賃金（35％以上増）を支払わなければなりません。代休の木曜日は，休みにしてもよいし，また，労働させてもさしつかえありません。木曜日はもともと労働日だからです。

木曜日を代休とした場合には，その日の賃金は支払わなくてもかまいません。

4.「休日の振替え」と「代休の付与」の違いは

「休日の振替え」と「代休の付与」の違いは，図表2-14のとおりです。

【図表2-14】「代休の付与」よりも「休日の振替え」が会社には得！

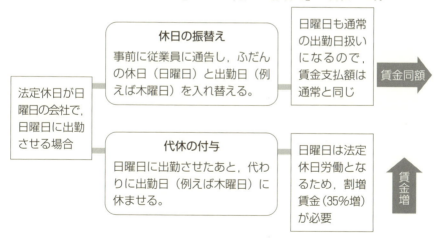

186　第2部　改正労基法による労働時間管理の実務

【6】 「休日の振替え」と「代休の付与」に関する 就業規則の規定例は

これらに関する就業規則の規定例は，下記のとおりです。

【規定例20】「休日の振替え」と「代休の付与」に関する就業規則（例）

（所定休日）

第○条　社員（パートタイマー・日雇社員を除く。）の所定休日は，次のとおりとする。

① 　日曜日（法定休日）

② 　土曜日（法定外休日）

③ 　年末年始休日（12月30日から1月2日まで）

④ 　その他会社が特に休日と定めた日

（所定休日の変更）

第○条　会社は，業務の都合による場合は，所定休日を他の日に変更（振替え）し，当初の所定休日に通常どおり勤務させることがある。

2　前項によって所定休日を変更（振替え）する場合は，あらかじめ変更後の休日を各社員本人に通知する。

3　所定休日を変更（振替え）したときは，振り替えられた日を休日とし，変更前の所定休日に勤務しても休日労働の取扱いとはしない。

（代休日の付与）

第○条　社員の休日労働に対しては，代休日を与えることがある。

2　前項によって与える代休日は，当該休日労働日の事前2週間事後4週間の期間内を原則とする。

3　代休日は，社員本人の申出によって，前項に定める期間内の他の日に変更することができる。

第1章　労働時間・休憩時間・休日の実務　**187**

Ⅵ 法定の労働時間・休憩時間・休日・割増賃金の適用されない管理監督者等

【1】 法定の労働時間・休憩時間・休日・割増賃金の適用除外とは

1．適用除外される者は

図表2－15，2－16の労働者には，労基法で定める労働時間，休憩時間，休日および時間外・休日労働の割増賃金支払義務に関する規定が適用されません（労基法41条）。

【図表2－15】法定労働時間，休憩時間，休日，時間外・休日労働の割増賃金支払義務の適用除外者

1　労基署長の許可がいらない適用除外者	①　農業，畜産・蚕産・水産業の従事者 ②　労基法41条にいう管理監督者 ③　機密事務を取り扱う者
2　労基署長の許可が必要な適用除外者	④　監視・断続的労働に従事する者で，使用者が労基署長の許可を受けたもの 　イ　本来の業務がこれに該当する者（門番，守衛，幹部社員専用自動車運転手など） 　ロ　本来業務以外の「宿・日直」でこれに従事する者

2．適用除外の趣旨は

農業，畜産・蚕産・水産業では，その業務が天候，気象などの自然的条件に左右されることが大きく，これらの業種に1日8時間労働制や1週40時間制を適用することは適当ではありません。

また，どのような事業であろうと経営者と一体となって仕事を進めていかなければならない管理監督者，秘書等機密事務を取り扱う者についても，同様です。

さらに，監視・断続的労働に従事する者は，通常の労働者と比較して労働の内容が軽易なため，労働時間，休憩，休日の規定を適用しなくても，必ずしも

188　第2部　改正労基法による労働時間管理の実務

労働者の保護に欠けません。以上の趣旨から，この適用除外の規定が設けられています。

3. 適用される法規定は

前記1.の適用除外者についても，労基法の年次有給休暇の付与義務と深夜労働に関する規定は適用されます。したがって，管理監督者等に深夜労働をさせた場合には，25％以上の割増賃金を支払わなければなりません。

また，前記1.に該当する者であっても，年少者（18歳未満の者）については，深夜労働が禁止されています。

【図表2−16】労働時間，休憩時間，休日，時間外・休日労働の
割増賃金支払義務の規定が適用されない労働者

| ① 農業，畜産・蚕産・水産業の従事者 ② 労基法41条でいう管理監督者 ③ 機密事務取扱者（秘書など，職務が経営者，管理監督者と密接不可分な者） ④ 守衛，交通監視，寮の賄い人，本来の業務以外の「宿・日直」など（労基署の許可が必要） | → | ● 法定労働時間を超えても時間外労働でない ● 休憩時間・休日を与える義務なし ● 法定休日に働いても休日労働としての取扱い不要 ● 時間外・休日労働に関する労使協定と割増賃金支払いは不要 | → | ● 年次有給休暇の付与と深夜労働割増賃金支払いは必要 |

【2】 労基法41条にいう「管理監督者」とは

1. 労基法でいう管理監督者には法定労働時間・割増賃金等が不適用

労基法41条でいう「管理監督者」には，労基法に定められている労働時間の

第1章　労働時間・休憩時間・休日の実務　**189**

限度（1日8時間，1週40時間），休憩時間を与える義務，週に1日の休日を与える義務，時間外・休日労働の割増賃金を支払う義務の規定が適用されません（労基法41条2号）。

2．労基法でいう管理監督者の判断の考え方は

労基法には，この「管理監督者」の範囲を明確に定めた規定はありません。厚生労働省通達では，この点につき「管理監督者とは，一般的には，部長，工場長等労働条件の決定その他労務管理について経営者と一体的な立場にある者の意味であり，名称にとらわれず，その職務と職責，勤務態様等，実態に即して判断すべきものである」としています（昭22.9.13発基17号，昭63.3.14基発150号）。

この場合の管理監督者に該当するか否かは，その会社で定めている管理職，監督職の地位に就いているか否かとは関係ありません。

労基法上の管理監督者に該当するか否かについては，個々の事案につき，職位および資格の名称にとらわれることなく，その者の職務内容，権限と責任，勤務態様，待遇等の実態に即して判断する必要があるとされています。

3．厚生労働省通達の全体像は

管理監督者の範囲については，これまでに厚生労働省から図表2−17の通達が出されています。

4．労基法でいう［管理監督者］の判断基準は

厚生労働省通達では，図表2−18のすべての要件に該当する者を，労基法でいう「管理監督者」であるとしています。

190   第2部　改正労基法による労働時間管理の実務

【図表2−17】管理監督者の範囲についての厚生労働省通達

1　名　称	2　発出年月日
① 「基本通達」 　　「労務管理について経営者と一体的な立場」 　という要件を示している。 〔金融機関に関するもの〕	昭和63年3月14日基発150号
② 「都市銀行等の場合における管理監督者の 　範囲に関する通達」	昭和55年2月28日基発104号の2
③ 「都市銀行以外の金融機関の場合における 　管理監督者の範囲に関する通達」 〔その他〕	昭和55年2月28日基発105号
④ 「多店舗展開する小売業，飲食業等におけ 　る管理監督者の範囲の適正化について」(いわ 　ゆるチェーン店通達))	平成20年9月9日基発0909001号

【図表2−18】労基法でいう「管理監督者」の判断基準

1　職務・権限	労務管理方針の決定に参画し，あるいは労務管理上の権限を有し，経営者と一体的な立場にあること。例えば，人事考課を行う，部下を指揮監督して業務を遂行する，時間外労働・休日労働の命令をするといったことは，これに該当します。
2　勤務態様	自己の業務の遂行について自由裁量の権限をもち，出退勤について厳しい規制を受けないこと。
3　賃金等の待遇	その地位にふさわしい待遇がなされていること。 　企画，調査，研究部門のスタッフ職，専門職については，管理職と同等の処遇を受けている者であって，経営上重要な事項を担当する者であれば，たとえ部下がいなくても，管理監督者に該当すると考えられます。

5．金融機関の管理監督者の範囲に関する通達は

　この通達の内容は，金融機関はもとより，規模や業態，業務執行体制が金融機関に類似する企業，企業の本社・事務部門等にも参考になると思われます。

　例えば，都市銀行等における「管理監督者」の具体的範囲は，次のとおりとされています。

① 取締役等役員を兼務する者

② 支店長，事業所長等事業場の長

③ 本部の部長等で経営者に直属する組織の長

④ 本部の課長，これに準ずる組織の長

⑤ 大規模支店・事務所の部課長（上記①〜④と同格以上の者）

⑥ 次長，副部長等（部長以上の役職者を補佐し，職務代行・代決権限を有し，上記①〜④と同格以上の者）

⑦ スタッフ（経営上の重要事項の企画立案等を担当する者で，上記①〜④と同格以上の者）

6．チェーン店通達における管理監督者の範囲は

いわゆるチェーン店通達（図表2−17の④）の要点は，図表2−19のとおりです。この通達の考え方は，チェーン店形式で多店舗を展開する小規模な事業場（店長から正社員，パート，アルバイト込みで1店舗10名程度）であれば，各種販売店，スーパー，コンビニ，喫茶店，居酒屋，ファーストフード，レストラン，カラオケ店等にも適用されると思われます。

なお，この通達は，否定要素のみが列挙されているものです。このため，該当するものがなければ，必ず管理監督者性が認められるものでないことに注意が必要です。

192 第2部 改正労基法による労働時間管理の実務

【図表2－19】多店舗展開小売事業等における管理監督性の判断基準

判断項目		管理監督性を否定する重要な要素	管理監督性を否定する補強要素
職務内容・責任と権限	①採用	店舗所属のパート・アルバイト等の採用に関する責任と権限がない。	
	②解雇	店舗所属のパート・アルバイト等の解雇に関する事項が職務内容に含まれていない。	
	③人事考課	部下の人事考課に関する事項が職務内容に含まれておらず，実質的にも関与しない。	
	④労働時間管理	店舗における勤務割表の作成，所定時間外労働命令の責任と権限が実質的にない。	
勤務態様	①遅刻・早退の取扱い	遅刻・早退等により減給，人事考課での不利益な取扱いを受ける。	
	②労働時間の裁量		店舗常駐の義務，パートの穴埋め業務従事の義務等により自分の労働時間に関する裁量がほとんどない。
	③部下との相違		部下と同様の勤務態様が労働時間の大半を占める。
賃金等の待遇	①基本給，役職手当等の優遇措置		基本給，役職手当等の優遇措置が実労働時間を考慮すれば十分でない。
	②年間賃金総額		年間賃金総額が企業内の一般労働者の賃金総額の同程度以下である。
	③時間単価	長時間労働の結果，賃金の時間単価が店舗所属のパート等のそれに満たない。　賃金の時間単価が最低賃金額に満たない。	

第1章　労働時間・休憩時間・休日の実務　　193

【3】　管理監督者の範囲についての裁判例の判断基準は

　裁判例では，全体的に見て労基法上の管理監督者の範囲を，厚生労働省通達よりも狭くとらえています。日本マクドナルド事件（東京地裁平成20年1月28日判決，労判953.10）では，店長が「管理監督者」であるか否かが，争われました。

　この判決では，「監督もしくは管理の地位にある者」というのは，「経営者と一体的な立場において同法（労基法）所定の労働時間等の枠を超えて事業活動することを要請されてもやむを得ないものといえるような重要な職務と権限を付与され，また，賃金等の待遇やその勤務態様において，他の一般労働者に比べて優遇措置が取られている者である」と定義しています。

　そのうえで，①職務・権限，②勤務態様，及び③賃金等の待遇について判断し，結論として管理監督者性を否定しています。

　この判例は，図表2−20のように厚生労働省通達に比べ，①職務・権限，②勤務態様の2点について異なる判断をし，管理監督者の範囲を狭くとらえています。他の判例の中にも上記判例と同じ傾向のものが多く見られます。

【図表2−20】管理監督者の範囲についての厚生労働省通達と
日本マクドナルド事件判決の判断基準のちがい

項　　目	厚生労働省通達	日本マクドナルド事件判決
1　職務・権限	その事業場の労務管理方針の決定に参画し，あるいは労務管理上の権限を有していることで足りる。	企業全体の経営方針の決定に関与することが必要。
2　勤務態様	遅刻，早退等をしても不利益な取扱いを受けないという程度の意味。	労働時間に自由裁量性が必要。

194 第2部 改正労基法による労働時間管理の実務

【4】 通達と判例の拘束力の違いは

1．通達とは

　通達というのは，各中央省庁の大臣，局長等が，その所掌事務について，所管の各機関や職員に出す指示文書のことです。内容は法令の解釈，運用や行政執行の方針等です。このうち，法令の行政解釈通達は，行政機関がこれによって企業等に取締りや行政指導を行うものなので，使用者や労働者にとっても重要です。

　ただし，行政通達は，法令とは異なり，裁判所の出す判決を直接拘束することはありません。つまり裁判所は，法令とその事件内容の事実にもとづいて判決を出します。したがって，通達の判断とは異なる見解の判例を出せることになるわけです。

2．裁判例（判例）とは

　裁判例（判例）とは，個別，具体的な訴訟事案について，裁判所の下した判決例のことをいいます。例えば，日本マクドナルド事件の判決は，この事件について判断したもので，他の事件を拘束するものではありません。しかも，地方裁判所の判決であって，最高裁判所や高等裁判所の判決ではありません。

　しかし，東京地裁の判決であることから，他の管理監督者の範囲をめぐる事件の判断に影響を与えています。

　このため，自社での事件が訴訟になった場合には，マクドナルド事件と同じ判断がなされる可能性が高くなります。

【5】 名ばかり管理職とは

1．名ばかり管理職とは

　一時期いわゆる「名ばかり管理職」という言葉が話題になりました。労基法

第1章 労働時間・休憩時間・休日の実務 195

41条に定めている「管理監督者」には残業代（時間外・休日労働の割増賃金）を支払わなくてよいことから，名目だけ管理職にして，実際は現場の一般係員と変わらないか，さらに長時間の労働を強いられている社員のことをそう呼ぶようです。社会的な問題となっていますが，労基法ではそのような不透明な取扱いを防ぐために，明確に管理監督者の範囲についての判断基準（通達）があります。

２．労基法41条にいう管理監督者とは

まず，大前提として，管理職に残業代を支払わなくていいというのは，労基法41条で，管理監督者（管理もしくは監督の地位にある者）については，労基法の労働時間，休憩時間，休日，割増賃金支払いに関する規定は適用しない，と定めているからです。

ただし，そこで問題になるのが，その社員が本当に労基法41条にいう「管理監督者」に該当するかどうかということです。管理監督者に該当するかどうかは，次のような基準で総合判断します。

① 労務管理方針の決定に参画し，あるいは労務管理上の権限を有し，経営者と一体的な立場にあること

人事考課や部下の指揮監督がその人の業務に含まれる，部下に時間外労働・休日労働の命令をする権限があるといったことはこれに該当します。

② 自己の仕事の遂行について自由裁量の権限を持ち，出退勤について厳しい規制を受けないこと

③ その地位にふさわしい給与額であったり，役付手当が支払われていること

なお，企画，調査，研究部門のスタッフ職，専門職については，前述①～③の管理監督者と同等の処遇を受けていれば，たとえ部下がいなくても該当すると考えられます。

196 第2部 改正労基法による労働時間管理の実務

3. 会社でいう管理監督者がすべて労基法41条にいう管理監督者に該当するわけではない

　同じく部長，課長，係長といってもその会社により各ポストの名称，職務・権限，処遇内容等は異なりますので，そのポスト名だけで労基法41条でいう管理監督者に該当するか否かを判断するわけにはいきません。

　しかし，例えば主婦パートを係長に昇進させて（役職手当一律3万円），業務内容はまったく変わらないものの時間外労働の割増賃金を支払わないような場合は，前述2.の判断基準からすると，労基法41条にいう「管理監督者」には該当しません。したがって，会社はこのようなパート従業員に対し，一般係員のときと同じく時間外労働，休日労働の割増賃金を支払わなくてはなりません。

【6】 管理職手当の改善方法は

1. 労基署の臨検監督への対応方法は

　現在，自社で支給している管理職手当を図表2－21のように①定額残業代と②本来の管理職手当とに2分します。そして，図表2－22のように就業規則（賃金規程）に①定額残業代は，残業代（時間外・休日労働）の割増賃金代であることを明確に規定しておきます。

　このように改善することにより，労基署（労働基準監督官）の臨検監督（事業場への立入調査等）や訴訟になった場合の判決により，残業代の支払いを命じられた場合であっても，残業代の基礎単価から定額残業代部分を控除することができます（管理職手当は除外賃金ではないので，このように改めないと，残業代計算の際の基礎単価に含まれてしまいます〈労基則2条〉。ただし，例外的に除外賃金として認める裁判例もあります）。

　さらに，定額残業代部分は，時間外・休日労働の割増賃金の既払い分として，支払金額から控除することができます。

2．裁判例への対応方法は

仮に日本マクドナルド事件判決の判断基準に従って社内体制を改めるとすれば，a）管理職に企業全体としての経営方針の決定に関与させ，かつ，b）実態として労働時間に自由裁量性を与えることが必要となります。

【図表2－21】管理職手当の改善方法例

【図表2－22】賃金規程例

（管理職手当）
第○条　管理職手当は，次の区分により支給する。
　①部長　月額8万円
　②課長　月額6万円
2　前項の支給額のうち2分の1の金額は，同人の時間外・休日労働の割増賃金として支給し，残りの2分の1の金額は，管理職の職務・責任に対応するものとして支給する。
3　労働基準法第41条に規定する管理監督者に該当しない者が前項の定額残業代を超えて時間外労働又は休日労働を行った場合には，別途，法定の割増賃金を支払う。

【7】　機密事務取扱者，監視・断続的労働従事者とは

これらの労働者には，労基法の労働時間の限度（1日8時間・1週40時間），休憩時間・休日を与える義務，時間外・休日労働の割増賃金を支払う義務の規定が適用されません（労基法41条2号）。

198　第2部　改正労基法による労働時間管理の実務

1．機密事務取扱者とは

労基法でいう「機密事務を取り扱う者」とは，必ずしも秘密の書類・情報を取り扱う者を意味するものではありません。秘書その他職務が経営者，管理監督者の活動と一体不可分であって，出退勤について会社から厳しい規制を受けない者のことです。

2．監視・継続的労働従事者とは

(1)　監視労働従事者

労基法でいう「監視労働従事者」とは，原則として，一定部署での監視を本来の業務とし，常態として身体の疲労，精神的緊張の少ない者のことをいいます。これには，例えば，守衛，門番，水路番等が該当します。他方，次のような者は該当せず，労基署長から許可されません。

① 交通関係の監視，車両誘導を行う駐車場等の監視等精神的緊張の高い業務
② プラント等における計器類を常態として監視する業務
③ 危険・有害な場所における業務

(2)　断続的労働従事者

労基法でいう「断続的労働従事者」とは，その作業自体が，本来断続的に行われるものをいいます。例えば，役員専属自動車運転手，寄宿舎の寮母と看護師，学校の用務員，修繕関係等（事故発生に備えて待機するもの），寄宿舎の賄人等（作業時間と手待時間が半々程度まで，実労働時間か8時間程度まで），鉄道踏切番等（1日の交通量10往復程度まで）が該当します。許可されなかったものとしては，新聞配達作業員，タクシー運転手，常駐消防職員等があります。

(3)　宿・日直

その事業場の夜間または休日に，通常業務以外の構内巡視などの業務を行うことを，それぞれ「宿直」「日直」といいます。通常勤務のかたわら，これらの

第1章　労働時間・休憩時間・休日の実務　　**199**

業務に従事する労働者の宿・日直勤務について，労基法の労働時間，休憩時間，休日，時間外・休日労働の割増賃金支払いなどに関する規定を適用除外としてもらうためには，労基署長の許可を必要とします（労基則23条）。「宿・日直」の許可条件は，次の①から④までのとおりです。

① 　その労働者の本来業務は処理せず，構内巡視，文書・電話の収受，非常事態に備えての待機で，常態としてほとんど労働する必要のないもの。なお，医師，看護師の宿直は医師法において義務（定時巡回，定時検温脈等）については宿・日直勤務中に行うことが認められます。社会福祉施設についても，夜尿起こし，おむつ取替え，検温等の介助作業であって軽度かつ短時間のものに限って認められます。

② 　原則として，日直は月1回，宿直は週1回を基準とする。

③ 　相当の手当が支給されること（同種の労働者に対して支払われている賃金の1人1日平均額の3分の1を下回らないこと）。

④ 　宿直時の睡眠設備があること。

Ⅶ 　年少者の就業制限

【1】　年少者の就業制限とは

1．最低使用年齢は

満15歳に達した日以後の最初の3月31日が終了するまでは，児童を労働者として使用することはできません。ただし，製造業，建設業，鉱業，運送業以外の事業の職業で，児童の健康および福祉に有害でなく，かつ，その労働が軽易な業務については，労基署長の許可を得て，修学時間外に使用することができます。映画の製作または演劇の事業については，満13歳に満たない児童についても，同様とします（図表2－23，労基法56条）。

200　第 2 部　改正労基法による労働時間管理の実務

【図表 2 −23】中学生（満13歳以上，15歳の学年末までの者）を就業させる要件

- 製造業・建設業，鉱業，運送業以外の業務
- 児童の健康・福祉に有害ではない業務
- 労働が軽くてたやすいもの

↓

親権者の同意を得たうえで，年齢証明書を添付し，労働基準監督署長の許可を得ることで，修学時間外に使用することができる。

2．修学児童の取扱いは

　労基署長の許可を受けて使用する満13歳以上の児童の法定労働時間は，修学時間を通算して，1 日に 7 時間，1 週間に40時間です（労基法60条）。

3．年少者の労働時間の特例とは

　年少者（満18歳未満の者）を，1 カ月，1 年，1 週間の変形労働時間制，フレックスタイム制により働かせることはできません。ただし，満15歳以上18歳未満の者（満15歳に達した日以後の最初の 3 月31日が終了していない者は除く）を，次の形により働かせることはできます（労基法60条）。

① 　1 週間の労働時間が40時間を超えない範囲内において，1 週間のうち 1 日の労働時間を 4 時間以内に短縮した場合においては，他の日の労働時間を10時間まで延長することができます。

② 　1 週間の労働時間が48時間以内，1 日の労働時間が 8 時間以内であれば，1 カ月単位の変形労働時間制，および 1 年単位の変形労働時間制により使用することができます。

4．年少者の時間外・休日労働の禁止とは

　事前に時間外・休日労働協定を結んでも，年少者に，時間外労働または休日労働を行わせることはできません（労基法60条）。

第1章　労働時間・休憩時間・休日の実務　　201

5．年少者の深夜労働の禁止とは

　一部の例外を除き，年少者を午後10時から翌日の午前5時まで（満13歳以上満15歳未満の児童については午後8時から午前5時まで）の深夜において労働に従事させることはできません（労基法61条）。

【2】　年少者の深夜労働の禁止とは

　例えば，高校生（18歳未満の者）をコンビニエンスストアで午後10時以降翌日の午前5時までの間に働かせると，年少者の深夜労働の禁止（労基法61条1項）違反となります。ただし，16歳以上の男子の交替制勤務は可能です（同条3項）。

　年少者の違反使用は悪質であるとして，該当使用者（経営者と管理監督者）は，労基署から地方検察庁に送検され，6カ月以下の懲役または30万円以下の罰金に処せられます。

202　第2部　改正労基法による労働時間管理の実務

第2章
変形労働時間制の実務

【目　次】
Ⅰ　変形労働時間制
Ⅱ　1カ月変形制
Ⅲ　1年変形制
Ⅳ　1週間変形制

Ⅰ　変形労働時間制

【1】　変形労働時間制とは

1．変形労働時間制とは

　労働時間の限度（法定労働時間）は，1日8時間以内，1週40時間以内と決められています。しかし，企業を経営していると，日，週，旬，月，シーズンにより，忙しい期間と忙しくない期間があります。変形労働時間制は，労基法にもとづき，このような企業経営の繁閑の実情に見合った勤務時間編成にすることができる制度です。

　すなわち，使用者は，事業場ごとに，1週，1カ月または1年という期間の労働時間の総枠の範囲内で，忙しい日，週の所定労働時間は長く，忙しくない

日，週は短く，弾力的に決めることができる制度です。

2．変形労働時間制のメリットは

　変形労働時間制を導入することで，労働者の生活設計を損なわない範囲内において労働時間を弾力化し，週休2日制の普及，年間休日日数の増加，業務の繁閑に応じた労働時間の配分等を行うことによって，労働時間を短縮することができます。

3．変形労働時間制の種類とそれぞれの特色は

　労基法で設けられている変形労働時間制には，次の3種類のものがあります（図表2-24）。
① 　1カ月変形制……1日あたり，1週間あたりの労働時間の上限規制がありません。
② 　1年変形制……その事業場に，1年間に毎週の所定休日，年末年始休暇，夏期休暇，国民の祝日，創業記念日等の所定休日が合計105日以上あれば，1日8時間勤務のもとで週平均40時間制を実現できます。
③ 　1週間変形制……簡単に，1週間ごとに異なる勤務時間を編成できます。ただし，労基法で，この制度を実施できるのは，労働者数29人までの小売業。旅館，料理店，飲食店の事業場のみに制限されています。

4．変形労働時間制の対象事業場は

　労基法上，1カ月単位の変形労働時間制，1年単位の変形労働時間制については，制度を利用できる事業場の範囲について制限がありません。他方，1週間単位の変形労働時間制は，労働者29人までの小売業，旅館，料理店および飲食店の事業場のみが利用できます。

204　第2部　改正労基法による労働時間管理の実務

【図表2−24】　3種類の変形制の比較一覧

	項　目	Ⅰ　1カ月変形制	Ⅱ　1年変形制	Ⅲ　1週間変形制
制度の対象	1　制度の対象事業場	制限なし	制限なし	労働者数常時29人までの小売業，旅館，料理店，飲食店に限る
制度の対象	2　制度の対象労働者	• 請求のあった妊産婦は除く • 年少者(満18歳未満の者)は除く	• 同左 • 同左 • 一般職の地方公務員は除く	• 同左 • 同左 • 同左
労働時間の限度等	1　1日あたりの労働時間の限度	なし	10時間	10時間
労働時間の限度等	2　休憩時間	• 1日6時間超8時間まで→45分 • 1日8時間超→60分	同左	同左
労働時間の限度等	3　1週あたりの労働時間の限度	なし	52時間	40時間
労働時間の限度等	4　休日	4週に4日	1週に1日	4週に4日
労働時間の限度等	5　対象期間中の週平均労働時間の限度	40時間（特例事業場は44時間）	40時間	—
実施手続き	1　就業規則への記載・届出			
実施手続き	(1)　労働者数10人以上の事業場	必要	必要	必要
実施手続き	(2)　9人までの事業場	就業規則，労使協定，書面のいずれかでよい	不要(書面でよい)	不要
実施手続き	2　労使協定の締結・届出	上記1(2)のとおり。届出必要	必要	必要

(注)　就業規則および労使協定に記載しなければならない事項は，それぞれの変形制により異なる。

第2章　変形労働時間制の実務　**205**

5．変形労働時間制の対象労働者，配慮事項は

　使用者は，妊産婦（妊娠中の女性および出産後1年を経過しない女性）が請求した場合には，その事業場において1カ月，1年または1週間単位の変形労働時間制を採用している場合であっても，その妊産婦を1週間または1日の法定労働時間（40時間，8時間）を超えて労働させることはできません。

　また，年少者（18歳未満の者）を変形労働時間制により働かせることは，原則的には，できません。さらに，使用者は，いずれかの変形労働時間制により労働させる場合には，育児を行う者，老人等の介護を行う者，職業訓練または教育を受ける者その他特別な配慮を要する者については，これらの者が必要な時間を確保できるよう配慮するよう努めなければなりません。

Ⅱ　1カ月変形制

【1】　1カ月変形制のあらまし・適する事業場は

1．1カ月変形制とは

　1カ月変形制とは，1回の周期（最長1カ月）の1週あたりの平均労働時間が，その事業場の1週あたりの法定労働時間の範囲内（40時間または44時間以内）であれば，特定の日や週に法定労働時間を超えて労働させても時間外労働にはならず，使用者は割増賃金を支払う必要がないというものです（労基法32条の2）。

2．1カ月変形制の枠組みは

　1カ月変形制の枠組みは，図表2-25のとおりです。

206　第2部　改正労基法による労働時間管理の実務

【図表2－25】1カ月変形制の枠組み

項　　目	内　　容
対象事業場	労基法による制限はないが，仕事の波が読める事業場向き
対象期間（1回の周期）	最長1カ月
1週あたりの平均労働時間の限度	40時間（特例事業場は44時間）
特定の日の所定労働時間	8時間を超えてもかまわない。上限はない。
特定の週の所定労働時間	40時間（特例44時間）を超えてもかまわない。上限はない。
所定休日	4週につき，4日以上

3．1カ月変形制が適する事業場は

この制度の特色は，ⓐ最長1カ月の範囲内で仕事の繁閑に応じて所定労働時間のやりくりができ，ⓑ1日，1週あたりの所定労働時間に上限規制がないという2点です。

1カ月変形制は，労基法による対象業種の制限はありませんが，制度の特色からすると次のような事業場に適しています。

① 1カ月を周期として業務量に繁閑のある事業場（月末は忙しいが，月初めはヒマな事業場など）

② 1週間を周期として業務量に繁閑のある事業場（木，金曜日は忙しいが，他の曜日はヒマな事業場など）

③ 特定の日や週に集中的に仕事をしたほうが効率的な事業場（例えば，運送業，雑誌の編集・印刷，コンピュータのプログラム作成・企画など）

4．1カ月変形制を，1週間周期でも使える

1週間変形制の対象事業場（労働者数29人までの小売業，旅館，料理店，飲食店）で，1カ月変形制を1週間周期で使うこともできます。その場合，所定労働時間は週44時間まで認められるので有利です。ただし，導入のための手続

きは，１カ月変形制よりも１週間変形制のほうが簡単です。

【２】　１カ月変形制の実施手続きは

１．従業員10人以上の事業場の手続きは

　労基法の規定により，始業・終業時刻は必ず就業規則に記載しなければなりません。したがって，変形制を採った場合は，これらの時刻を記載するため就業規則を変更する必要が生じます。次の事項を定め，労働者の過半数代表者の意見書を添付して労基署長に届け出てください（図表２－26）。

①　変形制を導入して初めて労働させる日（起算日）

②　対象期間内の各労働日と，各労働週の所定労働時間

③　対象期間内の各労働日の始業・終業時刻（出勤・退社の時刻）

　②と③については，月ごとに勤務割を作成する必要がある場合があります。その場合は，就業規則，労使協定等には，各勤務形態の始業・終業時刻，各勤務形態の組み合わせの考え方，勤務割表の作成手続き，周知方法などを定めておけばかまいません。各労働日の勤務割は，就業規則等の定めに従って，対象期間の開始前までに従業員に明らかにすればよいのです。

２．従業員９人以下の事業場の手続きは

　就業規則の作成が義務付けられているのは従業員規模10人以上の事業場なので，従業員規模９人までの事業場では，労使協定，就業規則，または文書のいずれかに前記１．の①～③の事項を定め，従業員に周知します。

　労使協定を結んだ場合は労基署長への届出が必要です（労基法32条の2．労基則12条，図表２－26）。

【図表2－26】1カ月変形制の実施手続き

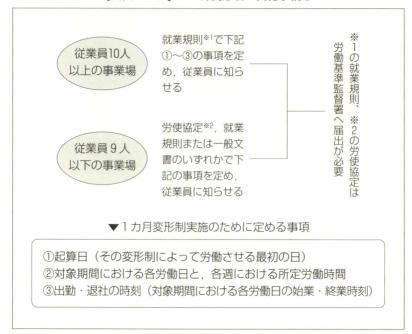

【3】 1カ月変形制の「勤務編成例1」は

　これは，中小企業に多い隔週週休2日制を基本に1カ月変形制を取り入れたものです。勤務編成例は，図表2－27，就業規則例は規定例21のとおりです。

第 2 章　変形労働時間制の実務　　**209**

【図表 2 －27】 週40時間，隔週週休 2 日， 1 日 7 時間15分とする勤務編成例

日　付	1 日の労働時間	週労働時間
1 日（月）	7 時間15分	
2 日（火）	〃	
3 日（水）	〃	36時間15分
4 日（木）	〃	
5 日（金）	〃	
6 日（土）	（所定休日）	
7 日（日）	（所定休日）	
8 日（月）	7 時間15分	
9 日（火）	〃	
10日（水）	〃	
11日（木）	〃	43時間30分
12日（金）	〃	
13日（土）	〃	
14日（日）	（所定休日）	

　図表 2 －27のように労働時間を編成すると， 2 週平均の週あたりの労働時間は39時間53分となり，法定の40時間以内に収まります。

36時間15分＋43時間30分÷ 2 ＝39時間53分＜法定労働時間40時間

　この場合の就業規則は規定例21のように定めます。

210　第２部　改正労基法による労働時間管理の実務

【規定例21】　１カ月変形制の就業規則のモデル例①

（始業時刻，終業時刻および休憩時間）

第○条　所定労働時間は，１カ月単位の変形労働時間制によるものとし，始業時刻，終業時刻および休憩時間は次のとおりとする。

一　始業時刻　　午前９時

二　終業時刻　　午後５時15分

三　休憩時間　　正午から午後１時まで

②　前項の１カ月の起算日は，平成○年○月○日とする。

（所定休日）

第○条　所定休日は，次のとおりとする。

一　毎週日曜日

二　平成○○年○月○日から起算して２週ごとに当該２週における第２土曜日

また，国民の祝日を所定休日とし，その代わりに所定休日である土曜日を出勤日とする場合には，下記のモデル例のようにしてください。

【規定例22】　１カ月変形制の就業規則のモデル例②

第○条　所定休日は，次のとおりとする。

一　毎週日曜日

二　国民の祝日（日曜日と重なったときは，その翌日）

三　５月４日

四　平成○○年○月○日から起算して２週ごとに当該２週における第２土曜日（同一の２週内に第２号または第３号の所定休日が含まれる場合を除く）。

【４】　１カ月変形制の「勤務編成例２」は

　デパート，小売店では，売上の低いウィークデーに正社員に交代で３連休をとらせ，その間はパートタイマーでカバーするといった方法をとっているケースが多くみられます。また，メーカーの場合には，労働者を３グループに分け，第１班は金・土・日，第２班は土・日・月，第３班は日・月・火を所定休日とし，事業場の休業日は日曜日のみとするといったケースがみられます。

第2章　変形労働時間制の実務　**211**

　3連休にすると週末を有効に使えるので，このような勤務時間編成は若い労働者に人気があります。この場合の時間編成例は図表 2 - 28，また就業規則は，規定例23のようにすればよいです。

【図表 2 － 28】週40時間／ 1 日10時間／週休 3 日制の勤務編成例

	月	火	水	木	金	土	日
1 班	出	出	出	出	休	休	休
2 班	休	出	出	出	出	休	休
3 班	休	休	出	出	出	出	休

　メーカーによくみられるケース。労働者を 3 グループに分けて所定休日をずらして定め，事業場の休業日は日曜日のみとする。

【規定例23】 1 カ月変形制の就業規則のモデル例③

（始業時刻，終業時刻および休憩時間）
第○条　所定労働時間は， 1 カ月単位の変形労働時間制によるものとし，始業時
　刻，終業時刻および休憩時間は次のとおりとする。
　一　始業時刻　　午前 8 時
　二　終業時刻　　午後 7 時
　三　休憩時間　　正午から午後 1 時まで
②　前項の 1 カ月の起算日は，平成○年○月○日とする。
（所定休日）
第○条　所定休日は，次のとおりとする。
　　　第 1 班　　毎週金曜日，土曜日および日曜日
　　　第 2 班　　毎週土曜日，日曜日および月曜日
　　　第 3 班　　毎週日曜日，月曜日および火曜日
②　前項の班別については，別途指定する。

【5】　1 カ月変形制の「勤務編成例 3 」は

　この勤務編成例は，週44時間制が認められる従業員 9 人以下の商業，接客娯楽業等の事業場向けのものです（図表 2 - 29）。

　この勤務編成は 1 カ月のうち，月末が忙しい事業場に適した方法です。完全

週休２日制なので，労働者の希望にマッチしています。月初めや中旬が忙しい事業場の場合は，これを基本に，その時期の所定労働時間を長くし，それ以外を短くしてください。就業規則の記載は規定例24のようにします。図表２－29の勤務編成例に掲載した月の場合は所定休日が９日となるので，月間所定労働時間は184時間ですが，他の月の場合，所定休日が１日少なくなるので，月間所定労働時間は192時間または193時間となります。

合計所定労働時間184時間＜法定労働時間の総枠194.8時間

第 2 章　変形労働時間制の実務　　213

【図表 2 － 29】　月間184時間の勤務編成例

日　付	1 日の労働時間	週労働時間
1 日（日）	（所定休日）	
2 日（月）	8 時間	40時間
3 日（火）	〃	
4 日（水）	〃	
5 日（木）	〃	
6 日（金）	〃	
7 日（土）	（所定休日）	
8 日（日）	（所定休日）	
9 日（月）	8 時間	40時間
10日（火）	〃	
11日（水）	〃	
12日（木）	〃	
13日（金）	〃	
14日（土）	（所定休日）	
15日（日）	（所定休日）	
16日（月）	8 時間	41時間
17日（火）	〃	
18日（水）	〃	
19日（木）	〃	
20日（金）	9 時間	
21日（土）	（所定休日）	
22日（日）	（所定休日）	
23日（月）	9 時間	45時間
24日（火）	〃	
25日（水）	〃	
26日（木）	〃	
27日（金）	〃	
28日（土）	（所定休日）	
29日（日）	（所定休日）	
30日（月）	9 時間	18時間
31日（火）	〃	

214 第2部 改正労基法による労働時間管理の実務

【規定例24】 1カ月変形制の就業規則のモデル例④

（始業時刻，終業時刻および休憩時間）

第○条 所定労働時間は，1カ月単位の変形労働時間制によるものとし，始業時刻，終業時刻および休憩時間は次のとおりとする。

日	始業時間	終業時間	休憩時間
1日から19日まで	午前9時	午後6時	正午から午後1時まで
20日から月末まで	午前10時	午後8時	正午から午後0時45分まで，午後4時から午後4時15分まで

② 前項の1カ月の起算日は，平成○年○月○日とする。

（所定休日）

第○条 所定休日は，毎週土曜日および日曜日とする。

【6】 1カ月変形制の「勤務編成例4」は

1カ月変形労働時間制で，隔週週休2日制にしてみます。この場合の年間所定休日数は，52（日曜日）＋26日（隔週土曜日）＝78日となります。すなわち，1日の所定労働時間を8時間としている場合，最少の所定休日数で週44時間制にするには，隔週週休2日制または4週6休制のもとで78日の所定休日があれば足ります（図表2－30，規定例25）。

【図表2－30】隔週週休2日制の勤務編成例

（第1週）

	8　時　間	1日目
	8　時　間	2日目
48時間	8　時　間	3日目
	8　時　間	4日目
	8　時　間	5日目
	8　時　間	6日目
	（所定休日）	7日目

（第2週）

	8　時　間	1日目
	8　時　間	2日目
40時間	8　時　間	3日目
	8　時　間	4日目
	8　時　間	5日目
	（所定休日）	6日目
	（所定休日）	7日目

$$\frac{48時間＋40時間}{2}＝44時間$$

第2章　変形労働時間制の実務　　**215**

【規定例25】 １カ月変形制の就業規則のモデル例⑤

第○条　所定休日は，次のとおりとする。
　一　毎週日曜日
　二　平成○○年○月○日から起算して２週ごとに当該２週における第２土曜日。

【7】　１カ月変形制で時間外労働割増賃金が必要な時間は

1．１カ月変形制の労働時間の規制は

　１カ月変形制では，対象期間（１回の周期）の１週あたりの平均所定労働時間を，その事業場の１週あたりの法定労働時間（40時間，または44時間）の範囲内にしなければなりません。つまり，対象期間における所定労働時間の合計は，次の算式で求められる時間が上限となります。

１週あたりの法定労働時間（40時間または44時間）×（対象期間中の暦日数÷７日）

　この算式によって計算すると，１カ月以内の各対象期間の労働時間の限度（法定労働時間の総枠）は，図表２−31のとおりです。

【図表２−31】 １カ月変形労働時間制の労働時間の限度
（１週の法定労働時間＝40時間）

対象期間	労働時間の限度
１ カ 月	
・31日の場合	177.1時間
・30日の場合	171.4
・29日の場合	165.7
・28日の場合	160.0
３ 週 間	120.0
15 日	85.7
２ 週 間	80.0
10 日	57.1

（注）　労働時間の端数はそのままとするか，または切り捨てる必要がある。

2．時間外労働割増賃金支払いが必要な時間は

1カ月変形制の場合，時間外労働となるのは，次の①～③の時間の合計です。これらの時間については，25％以上の割増賃金を支払わなければなりません。

① 1日については，8時間を超える所定労働時間を定めていれば，その時間を超えて労働した時間。定めていなければ，8時間を超えて労働した時間。

② 1週間については，40時間（特例44時間）を超える所定労働時間を定めていれば，その時間を超えて労働した時間（①で時間外労働となる時間を除く）。

③ 1回の対象期間については，その対象期間における労働時間の限度（図表2－31）を超えて労働した時間（①または②で時間外労働となる時間を除く）。

Ⅲ　1年変形制

【1】　1年変形制のあらまし，適する事業場は

1．1年変形制とは

1年変形制とは，1カ月を超え1年以内の一定の期間を平均し，1週間あたりの労働時間が40時間を超えない範囲内であれば，特定の日に8時間，特定の週に40時間を超えて労働させても時間外労働にならず，使用者は割増賃金を支払う必要がないというものです（労基法32条の4）。

この制度により，年間の繁忙期とそうでない時期に合わせ，1日または1週の所定労働時間を，繁忙期は長く，閑散期は短くすることができます。

第 2 章　変形労働時間制の実務　**217**

２．１年変形制の具体的な枠組みは

① 　対象期間

　　対象期間（１回の周期）は，１カ月を超え最長１年までです。例えば，３カ月，６カ月でもさしつかえありません。

② 　１週あたりの平均労働時間の限度

　　対象期間における１週あたりの平均労働時間は，40時間までです。１週44時間労働が認められている特例措置対象事業場（155頁の図表２−１）であっても，１年単位の変形労働時間制を実施する場合は，40時間以内となるようにしなければなりません。

③ 　１日，１週の所定労働時間の限度

　　原則として，１日10時間，１週52時間です。ただし，対象期間が３カ月を超える場合は，次の２つの制限が加わります。

　　１）　労働時間が連続して48時間を超えることができるのは３週間まで。

　　２）　対象期間を３カ月ごとに区分した各期間において労働時間が48時間を超える週の初日が３回まで。

④ 　対象期間内の労働日数の限度

　　原則として，１年間に280日。ただし，対象期間が３カ月までの場合は，制限がありません。

⑤ 　連続して労働させる日数の限度

　　６日です。ただし，労使協定で特に業務が繁忙な期間として定めた期間（特定期間）については，週に１日の休日が確保される日数です。

⑥ 　時間外労働の限度基準について

　　１年変形制で対象期間が３カ月を超える場合は，次のように通常の労働者に比べて時間外労働時間の限度が短く定められています。

218　第2部　改正労基法による労働時間管理の実務

【図表2－32】 1年単位の変形労働時間制（対象期間が3カ月を超えるもの）の
　　　　　　　　対象労働者の時間外労働の限度時間

期　　　間	限度時間
1　週　間	14時間
2　週　間	25時間
4　週　間	40時間
1　カ　月	42時間
2　カ　月	75時間
3　カ　月	110時間
1　年　間	320時間

3．1年変形制の活用のしかたは

①　1年間の業務の繁閑にあわせて所定労働時間に長短を設ける

　　1日または1週について，繁忙期は長めの，閑散期には短めの所定労働時間にすることができます。

②　途中入社者や途中退職予定者にも制度適用できる

　　これらの者についても1年変形制を適用することができます。ただし，これらの者のうち，実労働時間を平均して1週間あたり40時間を超えて労働したものについては，時間外労働の割増賃金（25％以上）を支払わなければなりません。

4．対象期間における総労働時間の限度は

　1年変形制においては，1回の対象期間を平均し，1週間あたりの労働時間が40時間を超えないようにしなければなりません。1週44時間労働が認められる特例措置対象事業場であっても，週平均労働時間は40時間以内にしなければなりません。

　そのためには，1対象期間中の所定労働時間の合計を図表2－33の算式による時間内に収めるようにします。

第2章　変形労働時間制の実務　　219

【図表2－33】1年変形制の総労働時間の限度

対象期間の長さ	限度時間数
3カ月間（92日の場合）	525.7時間
4カ月間（123日の場合）	702.8
6カ月間（182日の場合）	1,039.9
1年間（365日の場合）	2,085.7

$$対象期間における労働時間の限度 = 40時間 \times \frac{対象期間中の総暦日数}{7日}$$

　なお，忙しい時期の労働時間を伸ばす場合には，1回の対象期間をさらに区分して労働時間を定めます。閑散期の労働時間を短くすれば，繁忙期の労働時間を長く設定することができます。

【2】　1年変形制の実施手続きは

1．就業規則で定める事項は（従業員10人以上の制度実施事業場のみ）

　元々，就業規則には，始業・終業時刻を必ず記載しなければならないので，変形労働時間制によるこれらの時刻の記載のため，従来の就業規則を変更し，労基署長に届け出ることが必要です。

2．労使協定で定める事項は（すべての制度実施事業場）

次の事項を定め，所定の様式により労基署長に届け出なければなりません。

(1)　原　則
①　対象労働者の範囲
②　対象期間（1カ月を超え1年以内）
③　対象期間における労働日と労働日ごとの労働時間

220 第2部 改正労基法による労働時間管理の実務

④ 特定期間（対象期間中の特に業務が繁忙な期間）
⑤ 労使協定の有効期間

(2) 特 例

　1回の対象期間をさらに1カ月以上の期間に区分する場合においては，労使協定で上記(1)の③の代わりに，次のことを定める必要があります。
① その区分による最初の期間の所定労働日
② 最初の期間における所定労働日ごとの所定労働時間
③ その他の各期間における労働日数及び総労働時間

　例えば，平成29年の1年間を対象期間とし，1～6月，7～12月に区分するのであれば，当面，労使協定で，ⓐ1～6月の全労働日，ⓑ1～6月の労働日ごとの所定労働時間，ⓒ7～12月の所定労働時間の合計，を定める必要があります。

【3】 1年変形制の柔軟性のある活用方法は

　勤務割表を作成することをお勧めします。就業規則や労使協定などには，各勤務形態の始業・終業時刻，各勤務形態の組み合わせの考え方，勤務割表の作成手続き，制度対象労働者への周知方法等を定めておきます。

　各労働日ごとの勤務割表は，就業規則の定めに従い，1回ごとの対象期間の開始前までに対象労働者に明らかにすればよいです。

【4】 1年変形制の勤務時間編成例と就業規則・労使協定例は

　この勤務時間編成例は，平成29年の1年間を対象期間として作りました。1年変形制では，労基法上，最低，週1回の所定休日を確保することが必要です。この点さえ守れば，年間105日以上の所定休日は，その事業場の業務の繁閑の状況に合わせて1年間のうちで適宜配分することができます。

　例えば，規定例26に示す例が考えられます。これは次のことを前提として作りました。

第2章　変形労働時間制の実務　221

① 　国民の祝日は所定休日とする。

② 　1月1日〜6日および8月13日は所定休日とする。

③ 　①，②のほかに繁忙期の平成29年1月〜4月は週休1日制（日曜日を所定休日）とし，5月〜12月は週休2日制（土曜日および日曜日を所定休日）とする。

この形の1年変形制の就業規則例は規定例26，労使協定例は規定例27，1年間の所定休日表（平成29年の場合）は，図表2−34のとおりです。

【規定例26】 1年変形制の就業規則のモデル例

（始業時刻，終業時刻および休憩時間）

第○条　所定労働時間は，1年単位の変形労働時間制によるものとし，始業時刻，終業時刻および休憩時間は次のとおりとする。

一　始業時刻　　午前7時

二　終業時刻　　午後6時

三　休憩時間　　正午から午後1時まで

② 　前項の1年間の起算日は，毎年1月1日とする。

（所定休日）

第○条　所定休日は，年間105日以上とする。原則的には次の各号の日を所定休日とすることとし，具体的な日付は会社が決定する。

一　1月から4月までは毎週日曜日，5月から12月までは，毎週土曜日および日曜日

二　国民の祝日（国民の祝日が日曜日と重なるときは，その翌日）

三　1月1日〜6日および8月13日

222　第2部　改正労基法による労働時間管理の実務

【規定例27】　1年変形制の労使協定例

1年単位の変形労働時間制に関する労使協定

　○○工業株式会社と○○工業従業員組合とは，1年単位の変形労働時間制（以下「1年変形労働時間制」と略す。）に関し，次のとおり協定する。

（目的）

第1条　この協定は，労働基準法第32条の4に基づき，1年変形労働時間制に関する所定事項について定めるものである。

（対象期間，起算日）

第2条　本協定に基づく1年変形労働時間制の対象期間は1年間とし，起算日は平成29年1月1日とする。

（所定休日，所定労働日）

第3条　対象期間における所定休日は，別表（図表2－34のこと）のとおりとする。

2　第1項の所定休日以外の日を所定労働日とする。

（所定労働時間）

第4条　対象期間における所定労働時間は，1日8時間とする。

（対象労働者の範囲）

第5条　本協定に基づく1年変形労働時間制は，当社工場に勤務する正社員及び準社員に適用する。ただし，これらの者のうち次の各号のいずれかに該当するものを除く。

　一　第2条の対象期間の中途で退職することの明らかな者

　二　第2条の対象期間の中途で採用された者

（協定の有効期間）

第6条　この協定の有効期間は2年間とする。

2　労使当事者は，平成30年における1年変形労働時間制の実施方法を平成29年と異なるものとしたいときは，平成29年11月末までに相手方に申し出るものとする。

3　前項の申し出がないときは，平成30年の1年変形労働時間制の実施方法は，平成29年と同様とする。

4　労使当事者のいずれかから第2項の申し出がなされたときは，労使は誠意をもって協議し，平成30年における実施方法を決定するものとする。

　　　　　　　　　○○工業株式会社常務取締役人事部長　　○○○○　㊞
　　　　　　　　　○○工業株式会社従業員組合執行委員長　　○○○○　㊞

第2章 変形労働時間制の実務 **223**

【図表2-34】1年変形制における1年間の所定休日表（平成29年の場合）

月	所定休日数	所定休日の日付
1月	11日	1日〜6日，8日，9日，15日，22日，29日
2月	5日	5日，11日，12日，19日，26日
3月	5日	5日，12日，19日，20日，26日
4月	6日	2日，9日，16日，23日，29日，30日
5月	11日	3日〜7日，13日，14日，20日，21日，27日，28日
6月	8日	3日，4日，10日，11日，17日，18日，24日，25日
7月	10日	1日，2日，8日，9日，15日，16日，22日，23日，29日，30日
8月	9日	5日，6日，11日〜13日，19日，20日，26日，27日
9月	10日	2日，3日，9日，10日，16日〜18日，23日，24日，30日
10月	10日	1日，7日〜9日，14日，15日，21日，22日，28日，29日
11月	10日	3日〜5日，11日，12日，18日，19日，23日，25日，26日
12月	10日	2日，3日，9日，10日，16日，17日，23日，24日，30日，31日
計	105日	

Ⅳ　1週間変形制

【1】　1週間変形制のあらまし，適する事業場は

1．1週間変形制とは

　1週間変形制とは，その1週間の所定労働時間を40時間以内にするのであれば，忙しい日はある程度長く働らかせ，忙しくない日は短く働かせたり休日とすることができる制度です（労基法32条の5）。

　旅館，料理店などでは，日によって急に多くの予約が入ったり，予想したほど予約が入らないなど，必ず週末が忙しいというように定型的な繁閑を予測し

224 　第2部　改正労基法による労働時間管理の実務

にくい特性があります。そのような事業場について，1週間単位で，その週の始まる前日までに各勤務日の労働時間を決め，従業員に知らせれば足りるとして設けられたのがこの制度です。この場合の「1週間」とは任意の7日間（例えば金曜日～翌週木曜日）のことをいいます。暦週（日曜日～土曜日）に限りません。

【図表2－35】1週間変形制の枠組み

事　　項	内　　容
対象期間（1回の周期）	1週間
1週間の所定労働時間	40時間以内
1日の所定労働時間	最長10時間まで
各勤務日の始業・終業時刻	事前（前日まで）に，従業員に文書で知らせる

2．1週間変形制の枠組みは

1週間変形制の枠組みは，図表2－35のとおりです。

1週間変形制は，すでにみてきた他の変形労働時間制のように，始業・終業時刻を就業規則と労使協定に記載し，労基署長に届け出る必要はありません。ただし，例えば，日曜日から土曜日までの1週間を単位とした1週間変形制を実施する場合は，これらのことを前日の土曜日までに従業員に知らせる必要があります。

3．対象事業場の限定は

1週間変形制を実施できる事業場は，常時29人までの労働者を使用する小売業，旅館，料理店および飲食店に限られています。

4．時間外労働となる時間は

1週間変形制で時間外労働となるのは，次の①～③の合計時間です。これら

の時間については，25％以上の割増賃金を支払わなければなりません。

① 1日について10時間を超えて労働させた時間

② 1日10時間以内であるが，所定労働時間を超えて労働させた時間（例えば，所定労働時間は8時間であるのに，9時間働かせた場合の1時間分）

③ 1週40時間を超えて働かせた時間（①，②で時間外労働とした時間を除く）

【2】 1週間変形制の実施手続き，時間編成例，労使協定届の文例は

1．1週間変形制の実施手続きは

(1) 就業規則で定める事項（規模10人以上の事業場のみ該当）

①1週間の所定労働時間と，②各勤務日の始業・終業時刻を労働者に通知する時期・方法，を規定しておく必要があります。各勤務日の始業・終業時刻を定める必要はありません。使用者が始業・終業時刻を決め，それを就業規則以外の何らかの文書で労働者に知らせるだけでかまいません。

(2) 労使協定で定める事項（すべての制度実施事業場が該当）

労使協定においては，1週間の所定労働時間として40時間以下の時間を定め，労基署長に届け出なければなりません。

2．1週間変形制による勤務時間編成例と届出文例は

所定労働時間を1日10時間，1週40時間以内とするのであれば，あとは業務の繁閑などを考慮して，各週ごとにどのようにも労働時間を編成することができます。例えば，図表2－36のとおりです。規定例28の様式第5号は，労基署長に1週間変形制の労使協定を届け出る書式です。

226　第2部　改正労基法による労働時間管理の実務

【図表2－36】 1週間変形制で，毎週勤務時間編成を変える方法例

	第 1 週	第 2 週
日 曜 日	9時間	8時間
月 曜 日	9	8
火 曜 日	4	（所定休日）
水 曜 日	（所定休日）	5
木 曜 日	4	5
金 曜 日	4	5
土 曜 日	10	9
1週の所定労働時間	40時間	40時間

【規定例28】 1週間変形制に関する労使協定届出の様式記載例

様式第5号（第12条の5第4項関係）

1週間単位の非定型的変形労働時間制に関する協定届

事業の種類	事業の名称	事業の所在地（電話番号）	常時使用する労働者数
旅館業	○○旅館	○○県○市○町○－○（○○○－○○○－○○○）	15人

業務の種類	該当労働者数（満18歳以上の者）			1週間の所定労働時間	変形労働時間制による期間
	男	女	計		
宿泊客の食事宴会の給仕業務	人5	人10	人15	40時間	平成○○年4月1日から1年間

協定の成立年月日　　平成○○年3月1日

協定の当事者である労働組合の名称

　　　又は労働者の過半数を代表する者の　　　　　　職名　○○旅館　客室係

　　　　　　　　　　　　　　　　　　　　　　　　　氏名　○　○　○　○

協定の当事者（労働者の過半数を代表する者の場合）の選出方法（挙手による選挙）

　平成○○年○月○日

　　　　　　　　　　　　　　　　　　　　　　　　職名　○○旅館　支配

　　　　　　　　　　　　　　　　　　　　　使用者

　　　　　　　　　　　　　　　　　　　　　　　　氏名　○○○○　　　㊞

　○○労働基準監督署長殿　　殿

第3章
事業場外労働みなし制・
専門業務みなし制の実務

【目　次】
Ⅰ　事業場外労働みなし制
Ⅱ　専門業務みなし制

　みなし労働時間制と企画業務型裁量労働制については，すでに第1部第6章で記述してあるので，この章では標記の2つの制度の実務について説明します。

Ⅰ　事業場外労働みなし制

【1】　事業場外労働みなし制とは

1．事業場外労働みなし制とは

　みなし労働時間制の適用される事業場外労働とは，事業場の外で働くため，使用者が労働者の実労働時間を把握できない業務のことで，例えば，営業，出張，在宅勤務等が該当します（労基法38条の2）。

228　第2部　改正労基法による労働時間管理の実務

2．労働時間の扱い方は

　事業場外みなし労働の労働時間は，次のように取り扱います（労基法38条の2）。

(1)　実労働時間に関係なく所定労働時間の労働とみなす場合

　労働時間の全部を事業場外で労働した場合，所定労働時間の労働をしたものとみなします。実際の労働時間が所定の時間に満たなくても所定労働時間の労働をしたものとみなします。

　例えば，1日中取材で外出し，会社にまったく出勤しなくても，就業規則で勤務は午前8時から午後5時まで，休憩は1時間と定めてあれば，その日の実労働時間は8時間であったとみなします。

(2)　実労働時間が，通常，所定労働時間を超える場合

　その業務を遂行するのに，所定労働時間を超えて労働することが常態である場合は，使用者が，従業員はその業務に必要な時間の労働をしたものとみなします。なお，所定労働時間を超過する労働時間は，時間外労働手当の対象となります。

(3)　労使協定で労働時間の取扱いを決める場合

　常態的に時間外労働が必要な業務の場合は，使用者の判断で労働時間を特定するほか，労使協定でその業務の「みなし労働時間」を決めておく方法もあります。例えば，セールス業務については通常9時間の労働を要すると労使で協定すれば，その業務に従事する労働者は9時間の労働をしたとみなすわけです。

　なお，超過勤務となる1時間は時間外労働として扱います。

3．事業場外労働みなし制の対象とならないケースは

　事業場外での労働（営業・出張・在宅勤務等）であっても，次の①〜③の場合には，使用者が実労働時間数を把握できるので，みなし労働時間制の対象に

第3章　事業場外労働みなし制・専門業務みなし制の実務　　**229**

はなりません。

① 従業員のグループ行動で，メンバーのなかに労働時間の管理をする者がいる。

② 従業員が，携帯電話等で，随時，使用者の指示を受けながら働いている。

③ 従業員が上司からあらかじめ訪問先や帰社時刻などを具体的に指示され，そのとおりに行動している。

ただし，携帯電話等で連絡をとれる状態にあっても，作業の進行等は従業員の判断にゆだねられている場合には，みなし労働時間制の対象になります。

【2】　事業場外労働みなし制の実施手続きは

1．事業場外労働みなし制を盛り込んだ就業規則例は

事業場外労働みなし制に関する規定を就業規則に盛り込むときは，規定例29の規定例を使います。

2．事業場外労働のみなし労働時間制導入に関する労使協定例は

事業場外労働に関する労使協定届の記載例は，規定例30（様式第12号）のとおりです。これは労基署長に届け出る必要があります。ただし，ここで定める実労働時間が法定労働時間（1日8時間，1週40時間）以下の場合には，届け出る必要はありません。

なお，この記載内容を，様式第9号の2として，時間外・休日労働に関する労使協定の届出に付記して届け出ることで事業場外労働に関する労使協定の届出に代えることができます。

230　第２部　改正労基法による労働時間管理の実務

【規定例29】就業規則のモデル例─事業場外労働のみなし労働時間制

第○○条　従業員が労働時間の全部または一部について事業場外業務に従事する
　　場合であって，労働時間を算定することが困難なときは，所定労働時間の労働
　　をしたものとみなす。
②　前項の事業場外の労働について，当該業務を遂行するために，あらかじめ，
　　所定労働時間を超えて労働することが必要であるとして，労基法第38条の２の
　　規定の定めるところにより労使協定を締結した場合には，その労使協定で定め
　　た時間の労働をしたものとみなす。

【規定例30】事業場外みなし制に関する労使協定届の記載例

様式第12号（第24条の２第３項関係）

事業場外労働に関する協定届

事業の種類	事業の名称	事業の所在地（電話番号）		
自動車販売業	○○オート販売株式会社	○○市○○区○○（○○○－○○○－○○○○）		
業務の種類	該当労働者数	１日の所定労働時間	協定で定める期間	協定の有効期間
外勤セールス業務	40	１日７時間30分	１日９時間	平成○○年４月１日から１年間
時間外労働に関する協定の届出年月日			平成○○年　○　月　○日	

協定の成立年月日　　平成○○　年　○　月　○　日

協定の当事者である労働組合の名称又は労働者の過半数を代表する者の

　　　　　　　　　　　　職　名　○○オート販売　自動車セールス担当

　　　　　　　　　　　　氏　名　○○　○○○　　　　　　　　　　㊞

協定の当事者（労働者の過半数を代表する者の場合）の選出方法

（　挙手による選挙　）

　平成○○　年　○　月　○　日

　　　　　　　　　　　　　　　　職名　○○オート販売株式会社

　　　　　　　　　　　使用者　　氏名　代表取締役　△△　△△　　㊞

　　　　　　　労働基準監督署長　殿

第3章　事業場外労働みなし制・専門業務みなし制の実務　**231**

Ⅱ　専門業務みなし制

【1】　専門業務みなし制とは

1．専門業務みなし制とは

　専門業務みなし制の対象になる専門業務型裁量労働とは，業務の性質上，具体的な遂行方法を大幅に労働者の裁量にゆだねるため，その業務の遂行の手段，時間配分の決定などに関し使用者の具体的な指示になじまない業務の労働のことです。このような業務の労働については，みなし労働時間制が適用されます（労基法38条の3）。

2．専門業務みなし制の対象業務は

　専門業務みなし制の対象になるのは，図表2－37の業務です（労基則24条の2の2）。

【図表2－37】専門業務みなし制の対象業務

①　新商品・新技術の研究開発または人文科学・自然科学に関する研究の業務
②　情報処理システムの分析または設計の業務
③　新聞・出版の事業における記事の取材・編集の業務または放送番組の制作のための取材・編集の業務
④　衣服，室内装飾，工業製品，広告等の新たなデザインの考案の業務，インテリアコーディネーターの業務
⑤　放送番組，映画等の製作の事業におけるプロデューサーまたはディレクターの業務
⑥　コピーライターの業務
⑦　公認会計士，弁護士，弁理士，税理士，中小企業診断士の業務
⑧　一・二級建築士，木造建築士，不動産鑑定士の業務
⑨　システムコンサルタント等，ゲーム用ソフト創作，証券アナリスト等，金融商品開発，大学における教授研究の業務

232　第2部　改正労基法による労働時間管理の実務

【2】　専門業務みなし制の就業規則例は

　専門業務型裁量労働制を導入する場合は，就業規則に下記のような規定を盛り込みます。

【規定例31】就業規則のモデル例—専門業務型裁量労働制

第○○条　本社研究所において新商品または新技術の研究開発の業務に従事する
　　従業員については，労使協定を締結し，専門業務型裁量労働制を適用する。
②　第○○条の規定にかかわらず，前項の業務の遂行手段および時間配分につい
　　ては，従業員の裁量に委ねるものとし，前項の従業員が所定労働日に勤務した
　　場合には，労使協定で定める時間労働をしたものとみなす。
③　始業・終業時刻および休憩時間は，第○○条に規定される所定の始業・終業
　　時刻および休憩時間を基本とする。
　　　ただし，業務の遂行に必要な始業・終業時刻および休憩時間の変更は弾力的
　　に適用するものとし，その時間は専門業務型裁量労働制が適用される従業員の
　　裁量によるものとする。
④　所定休日は，第○○条の定めによるものとする。
⑤　専門業務型裁量労働制を適用する従業員が，所定休日または深夜に労働する
　　場合については，あらかじめ所属長の許可を受けなければならない。
⑥　前項により，許可を受けて所定休日または深夜に労働した場合においては，
　　会社は，賃金規則に定めるところにより割増賃金を支払うものとする。

【3】　専門業務みなし制の労使協定例は

1．労使協定の必要な事項は

　専門業務みなし制を実施する場合には，労使協定で図表2-38，規定例32の事項を定め，規定例33（様式第13号）を労基署長に届け出ておく必要があります（労基法38条の3第1項，労基則24条の2の2）。この協定により，対象業務に就かせた労働者の労働時間を，協定で定めた時間とみなすことができるわけです。

第3章　事業場外労働みなし制・専門業務みなし制の実務　**233**

2．専門業務みなし制に関する労使協定例は

規定例32の労使協定モデル例のうち第1条から第3条まで，および第6条から第9条までの規定は必ず労使協定で定めてください。第4条，第5条の内容は就業規則で定めてもかまいません。

【図表2－38】専門業務型裁量労働制に関する労使協定に定める事項

① 対象業務，対象労働者
② 対象業務に従事する労働者の労働時間として算定される時間
③ 対象業務の遂行および時間配分の決定等に関し，その対象業務に従事する労働者に対し使用者が具体的な指示をしないこと。
④ 対象業務に従事する労働者の労働時間の状況に応じたその労働者の健康・福祉を確保するための措置を，その協定に定めるところにより使用者が講ずること。
⑤ 対象業務に従事する労働者からの苦情の処理に関する措置を，その協定で定めるところにより講ずること。
⑥ その労使協定の有効期間の定め
⑦ 事業主は，次の事項に関する労働者ごとの記録を，この労使協定の有効期間中およびその後3年間保存すること。
　ａ．④により講じた措置　　ｂ．⑤により講じた措置

【規定例32】労使協定のモデル例―専門業務型裁量労働制の導入

専門業務型裁量労働に関する労使協定

○○株式会社と○○労働組合は，労働基準法第38条の3の規定にもとづき専門業務型裁量労働に関し，次のとおり協定する。

（対象従業員）

第1条　本協定は，次の各号に掲げる従業員（以下「対象従業員」という。）に適用する。
　一　本社研究所において新商品または新技術の研究開発の業務に従事する従業員

234　第2部　改正労基法による労働時間管理の実務

　　二　本社付属事務処理センターにおいて情報処理システムの分析または設計の
　　　業務に従事する従業員
（専門業務型裁量労働の原則）
第2条　対象従業員に対しては，会社は業務遂行の手段および時間配分の決定等
　　につき具体的な指示をしないものとする。
（みなし労働時間）
第3条　対象従業員が，所定労働日に勤務した場合は，就業規則第○○条に定め
　　る就業時間にかかわらず，1日9時間の労働をしたものとみなす。
（休憩時間，所定休日）
第4条　対象従業員の休憩時間，所定休日は就業規則の定めるところによる。
（対象従業員の出勤等の際の手続き）
第5条　対象従業員は，出勤した日については，入退室時にIDカードによる時刻
　　の記録を行わなければならない。
②　対象従業員が，出張等業務の都合により事業場外で勤務に従事する場合には，
　　事前に所属長の了承を得てこれを行わなければならない。所属長の了承を得た
　　場合には，第3条に定める労働時間の労働をしたものとみなす。
③　対象従業員が所定休日に勤務する場合は，休日労働協定の範囲内で事前に所
　　属長に申請し，許可を得なければならない。所属長の許可を得た場合には，対
　　象従業員の休日労働に対しては，賃金規則第○○条の定めるところにより割増賃
　　金を支払う。
④　対象従業員が深夜に勤務する場合は，事前に所属長に申請し，許可を得なけ
　　ればならない。所属長の許可を得た場合には，対象従業員の深夜労働に対して
　　は，賃金規則第○○条の定めるところにより割増賃金を支払う。
（対象従業員の健康と福祉の確保）
第6条　使用者は，対象従業員の健康と福祉を確保するため，次の措置を講ずる
　　ものとする。
　　一　対象従業員の健康状態を把握するために，次の措置を実施する。
　　　イ　所属長は，入退室時のIDカードの記録により，対象従業員の在社時間を
　　　　把握する。
　　　ロ　対象従業員は，2カ月に1回，自己の健康状態について所定の「自己診
　　　　断カード」に記入のうえ，所属長に提出する。
　　　ハ　所属長は，ロの自己診断カードを受領後，速やかに，対象従業員ごとに
　　　　健康状態等についてヒアリングを行う。
　　二　使用者は，前項の結果をとりまとめ，産業医に提出するとともに，産業医

第3章　事業場外労働みなし制・専門業務みなし制の実務　　235

　が必要と認めるときには，次の措置を実施する。
　　イ　定期健康診断とは別に，特別健康診断を実施する。
　　ロ　特別休暇を付与する。
　三　精神・身体両面の健康についての相談室を○○に設置する。
（対象従業員の苦情の処理）
第7条　対象従業員から苦情等があった場合には，次の手続きに従い，対応する
　ものとする。
　一　裁量労働相談室を次のとおり開設する。
　　イ　場所　　　　○○労働組合管理部
　　ロ　開設日時　毎週金曜日12：00〜13：00と17：00〜19：00
　　ハ　相談員　　　○○○○
　二　取り扱う苦情の範囲を次のとおりとする。
　　イ　裁量労働制の運用に関する全般の事項
　　ロ　対象従業員に適用している評価制度，これに対応する賃金制度等の処遇
　　　制度全般
　三　相談者の秘密を厳守し，プライバシーの保護に努める。
（勤務状況等の記録の保存）
第8条　使用者は，対象従業員の勤務状況，対象従業員の健康と福祉の確保のた
　めに講じた措置，対象従業員からの苦情について講じた措置の記録をこの協定
　の有効期間の始期から有効期間満了後3年間を経過する時まで保存する。
（有効期間）
第9条　この協定の有効期間は，平成○○年○月○日から平成○○年○月○日ま
　での○年間とする。

　　平成○○年○月○日
　　　　　　　　　　　　　　○○製作所株式会社　取締役人事部長　○○○○　㊞
　　　　　　　　　　　　　　○○労働組合　　　　執行委員長　　　○○○○　㊞

236　第2部　改正労基法による労働時間管理の実務

【規定例33】労使協定届の記載例―専門業務型裁量労働制の導入

様式第13号（第24条の2の2第4項関係）　　　　　専門業務型裁量労働制に関する協定届

事　業　の　種　類	事　業　の　名　称	事　業　の　所　在　地　（電話番号）					
製造業	○○株式会社○○研究所	○○市○○町3-2-1　　（○○○―○○○―○○○○）					

業務の種類	業務の内容	該当労働者数	1日の所定労働時間数	協定で定める時間	労働者の健康及び福祉を確保するために講ずる措置（労働者の労働時間の状況の把握方法）	労働者からの苦情の処理に関して講ずる措置	協定の有効期間
新商品・新技術の研究開発または人文科学・自然科学に関する研究の業務	研究所において製品技術などに関し自己の研究計画によって開発、試験などを行う。	10名	7時間30分	9時間	2カ月に1回、所属長が健康状態についてヒアリングを行い、必要に応じて特別健康診断の実施や特別休暇の付与を行う。（　　　IDカード　　　）	毎週金曜日12：00～13：00に○○労働組合管理部に裁量労働相談室を設け、裁量労働制の運用、評価制度及び賃金制度等の処遇制度全般の苦情を扱う。本人のプライバシーに配慮した上で、実態調査を行い、解決策を労使委員会に報告する。	平成○○年○月○日から平成○○年○月○日まで

時間外労働に関する協定の届出年月日	平成○○年○月○日

協定の成立年月日　　　　平成○○年○月○日
協定の当事者である労働組合の名称又は労働者の過半数を代表する者の
協定の当事者（労働者の過半数を代表する者の場合）の選出方法

職名
氏名　　　　　　　　○○労働組合
（　　　　　　）
使用者　　職名　　　○○株式会社　代表取締役社長
　　　　　氏名　　○○　○○　　　　　　　　　　　　㊞

○○労働基準監督署長　殿
記載心得
　1　「業務の内容」の欄には、業務の性質上当該業務の遂行の方法を大幅に当該業務に従事する労働者の裁量にゆだねる必要がある旨を具体的に記入すること。
　2　「労働者の健康及び福祉を確保するために講ずる措置（労働者の労働時間の状況の把握方法）」の欄には、労働基準法第38条の3第1項第4号に規定する措置の内容を具体的に記入するとともに、同号の労働時間の状況の把握方法を具体的に（　　）内に記入すること。
　3　「労働者からの苦情の処理に関して講ずる処置」の欄には、労働基準法第38条の3第1項第5号に規定する措置の内容を具体的に記入すること。
　4　「時間外労働に関する協定の届出年月日」の欄には、当該事業場における時間外労働に関する協定の届出の年月日（届出をしていない場合はその予定年月日）を記入すること。ただし、協定で定める時間が労働基準法第32条又は第40条の労働時間を超えない場合には記入を要しないこと。

第3部

平成30年パートタイム労働法・労働契約法・労働者派遣法の改正内容と実務対応

―雇用形態にかかわらない公正な待遇の確保のために

238　第３部　平成30年パートタイム労働法・労働契約法・労働者派遣法の改正内容と実務対応

【目　次】
Ⅰ　平成30年パート法・労契法・派遣法改正の全体像は
Ⅱ　非正規労働者の待遇改善の際のポイントは
Ⅲ　「パートの均衡待遇に関する措置全般（８条～12条）」の拡大適用とは
Ⅳ　「パートの待遇の原則（８条）」の拡大適用とは
Ⅴ　「通常労働者（正社員等）並みパート」の差別禁止（９条）の拡大適用とは
Ⅵ　「通常労働者（正社員等）と職務内容同一パートとのバランスの確保（10条～12条）」の拡大適用とは
Ⅶ　「パート雇入れ時の事業主の説明義務（14条）」の拡大適用とは

Ⅰ　平成30年パート法・労契法・派遣法改正の全体像は

１．ポイントは

　働き方改革関連法の成立により，労働者の雇用形態にかかわらない公正な待遇の確保のため，パートタイム労働法，労働契約法，および労働者派遣法が改正されました（図表３－１）。

　同法の成立により，具体的には，次の事項が改正されました。

　(1)　労働者が待遇差について司法判断を求める際の根拠となる規定の整備，

　(2)　事業主の労働者に対する待遇に関する説明の義務化，

　(3)　行政（都道府県労働局）による裁判外紛争解決手続きの整備等

【図表3－1】パートタイム労働法・労働契約法・労働者派遣法の改正内容

「働き方改革実行計画」に基づき，以下に示す法改正を行うことにより，企業内における正規雇用労働者と非正規雇用労働者の間の不合理な待遇差の実効ある是正を図る。

1．**労働者が待遇差について司法判断を求める際の根拠となる規定の整備**

○　短時間労働者・有期雇用労働者について，正規雇用労働者（正社員：無期雇用フルタイム労働者）との待遇差が不合理か否かは，それぞれの待遇ごとに，当該待遇の性質・目的に照らして適切と認められる事情を考慮して判断されるべき旨を明確化。
（有期雇用労働者を法の対象に含めることに伴い，題名を改正（「短時間労働者及び有期雇用労働者の雇用管理の改善等に関する法律」））

○　有期雇用労働者について，正規雇用労働者と①職務内容，②職務内容・配置の変更（人事異動）の範囲が同一である場合の均等待遇の確保を義務化。

○　派遣労働者について，①派遣先の労働者との均等・均衡待遇，②一定の要件（同種業務の一般の労働者の平均的な賃金と同等以上の賃金であること等）を満たす労使協定による待遇のいずれかを確保することを義務化。

○　また，これらの事項に関するガイドラインの根拠規定を整備。

2．**事業主の労働者に対する待遇に関する説明義務の強化**

○　短時間労働者・有期雇用労働者・派遣労働者について，正規雇用労働者との待遇差の内容・理由等に関する説明の義務化。

3．**行政による履行確保措置及び裁判外紛争解決手続（行政ADR）の整備**

○　上記1の義務や2の説明義務について，行政（都道府県労働局雇用環境・均等部（室）等）による履行確保措置及び行政ADR（訴訟外の紛争解決制度）を整備。

施行日：平成32年（2020年）4月1日，ただし，中小企業については平成33年（2021年）4月1日。

2．労働者が待遇差について司法判断を求める際の根拠となる法規定の整備
　　―派遣労働者は2つの改善方式の選択制

　1）働き方改革関連法により，パート法の名称が「短時間労働者及び有期雇用労働者の雇用管理の改善等に関する法律」（パート・有期雇用労働者法）に改正されました（図表3－2）。

2)「均衡待遇規定」(正規雇用労働者と短時間労働者・有期雇用労働者との間について,
  ① 職務内容(業務内容・責任の程度),
  ② 職務内容・配置の変更(人事異動)の範囲,
  ③ その他の事情を考慮して
不合理な待遇差を禁止)について,待遇差が不合理か否かは,基本給,賞与その他の待遇のそれぞれについてそれらの待遇の目的に照らして適切と認められる事情を考慮して判断されるべき旨が明確になりました。
　これに併せ,労働契約法20条(不合理な差別の禁止規定)が削除されました。
　3)そのうえで,新たに,有期雇用労働者についても,「均等待遇規定」(正規雇用労働者と短時間労働者が
  ① 職務内容(業務内容・責任の程度),
  ② 職務内容・配置の変更(人事異動)の範囲(いわゆる人材活用の仕組み)
　　が同一である場合
の差別的取扱いを禁止)の対象になりました。
　4)さらに,派遣労働者については,図表3-3の2つの方式の選択制により,派遣労働者の待遇を確保することとされました。

【図表3-2】公正な待遇の確保対策の対象者の拡大

法改正前		法改正後
・パートタイム(短時間)労働者		・パートタイム(短時間)労働者 ・期間雇用者(契約社員) ・派遣労働者

【図表3-3】派遣労働者の待遇確保についての2つの選択方式

A	派遣先労働者との均等・均衡待遇方式(派遣法に派遣労働者と派遣先労働者との待遇差について,短時間労働者・有期雇用労働者と同様の均等待遇規定・均衡待遇規定を創設)
B	一定の要件(同種業務の一般の労働者の平均的な賃金と同等以上の賃金であること等)を満たす労使協定による待遇決定方式

3．労働者に対する待遇に関する説明の義務化
―説明を求めた場合の不利益取扱いは禁止

1）働き方改革法では，有期雇用労働者についても，待遇内容等の説明義務（雇入れ時）を創設（短時間労働者・派遣労働者はすでに法制化）しています。

2）また，短時間労働者・有期雇用労働者・派遣労働者について，事業主に正規雇用労働者との待遇差の内容・理由等の説明義務（労働者が説明を求めた場合）を創設するとともに，説明を求めた場合の不利益取扱いが禁止されました。

4．行政（都道府県労働局）による裁判外紛争解決手続の整備等

1）働き方改革法では，有期雇用労働者について，改正パート法に諸規定を移行・新設することにより，現行パート法の行政（都道府県労働局）による助言・指導・勧告等や調停等の対象とするとしています（図表3－4）。

2）派遣労働者についても，均等・均衡待遇規定等や説明義務について，新たに現行パート法と同様の都道府県労働局の調停等の対象にしています。

242 第3部 平成30年パートタイム労働法・労働契約法・労働者派遣法の改正内容と実務対応

【図表3－4】個別労働紛争解決システムの流れ

対象となるトラブル

- 正規労働者と非正規労働者との待遇についての不合理な差別的取扱い
- 解雇，雇止め，配置転換，出向，昇進，降格，労働条件にかかわる差別的取扱い
- セクシュアル・ハラスメント，パワー・ハラスメント（いじめ等）
- 募集・採用に関する差別的取扱い
- 労働条件（不利益変更等）に関する紛争
- 労働契約（継続，競業禁止特約等）に関する紛争

労働組合と事業主の間の紛争（都道府県庁の労働委員会が担当）や，労働者どうしの紛争は取り扱わない。

1 総合労働相談コーナーで相談

全国の都道府県労働局，労働基準監督署に設けられた相談コーナーで，次のことを行う。

- 照会内容に応じた関係法令，判例，紛争解決事例等の情報や資料の提供
- 相談員による相談
- 相談者が希望すれば，都道府県庁の労働委員会，労働相談センター等，他機関への事案の引継ぎ

労働法令違反の事案については，別に労働基準監督署，都道府県労働局需給調整事業課，雇用均等室に通報。改善指導，送検が行われる。

2 都道府県労働局長による助言・指導

民事上のトラブルについて，労使当事者に助言・指導し，解決をはかる。

3 紛争調整委員会によるあっせん，調停

紛争調整委員会は学識経験のある専門家3～12人で構成されている。

A一般の労働条件・解雇等

⇒委員長が指名した3名の委員が，紛争当事者の話し合いをあっせん，調停して解決をはかる。

B正規労働者と非正規労働者との待遇についての不合理な差別的取扱い，男女の雇用差別，セクハラ，育児・介護休業，パート労働等

⇒委員が調停案の作成，調停，受諾勧告をして解決をはかる。

解決
できなければ…

あっせんも調停も，ともに紛争当事者に自主的な解決を促すもので，強制力はない。

Ⅱ 非正規労働者の待遇改善の際のポイントは

1．ポイントは

非正規労働者と正規労働者との待遇の違いは目的・性質に照らし合理的に説明できるか否かがポイントになります。

2．パート法・労契法・派遣法改正の趣旨は

非正規労働者の待遇改善に関しては，現行制度上パート労働法のような均等・均衡待遇の規制のない有期雇用労働者や派遣労働者も含め，ルールを明確化するとともに，裁判等における紛争解決を前提として，実効性のある待遇差の是正を可能とする諸制度の整備をねらいとしています。

さらに，働き方改革法の成立によって法的根拠を持つことになる「同一労働同一賃金ガイドライン」（現在は「案」として公表）には，基本給，賞与，諸手当，福利厚生について，正規労働者との差異が合理的な場合・不合理な場合が具体的に例示されています。

3．企業の対応策のポイントは

企業内で就業規則の規定内容やその運用を見直す際には，個々の待遇それぞれについて，その待遇差が性質や目的に照らして合理性を説明できるかどうかがポイントとなります。

さらに，平成30年（2018年）4月に有期雇用労働者の無期転換申込が現実化したことと併せ考えると，有期・パート労働者の待遇改善とともに，無期転換者の待遇改善についても対応が必要となります。

244 第3部　平成30年パートタイム労働法・労働契約法・労働者派遣法の改正内容と実務対応

Ⅲ 「パートの均衡待遇に関する措置（8～12条）」の拡大適用とは

1．ポイントは

　1）現行パート労働法（8条～12条）では，次の2．以降のように規定されています。

　2）働き方改革法では，3法（パート労働法，労働契約法，および労働者派遣法）の改正により上記1）の措置が有期雇用労働者と派遣労働者についても拡大適用されました。

2．均衡待遇の措置とは

　現行パート労働法8条～12条の規定により，事業主は，パートタイム労働者（短時間労働者）について図表3－5のように取り扱わなければなりません。

【図表3－5】パートタイム労働者の均衡待遇に関する措置
（現行パート労働法8条～12条）

〈短時間労働者の待遇の原則〉
短時間労働者の待遇について，通常の労働者の待遇との相違は，職務の内容，人材活用の仕組み，その他の事情を考慮して，不合理と認められるものであってはならない。

【パートの態様】通常の労働者と比較して，		賃　金		教育訓練		福利厚生	
職務の内容（業務の内容及び責任）	人材活用の仕組みや運用等（人事異動の有無及び範囲）	職務関連賃金 ●基本給 ●賞与 ●役付手当等	左以外の賃金 ●退職手当 ●家族手当 ●通勤手当等	職務遂行に必要な能力を付与するもの	左以外のもの（キャリアアップのための訓練等）	●給食施設 ●休憩室 ●更衣室	左以外のもの（慶弔休暇，社宅の貸与等）
①通常の労働者と同視すべき短時間労働者　同じ　同じ		◎	◎	◎	◎	◎	◎
②通常の労働者と職務の内容が同じ短時間労働者　同じ　異なる		△	—	○	△	○	—
③通常の労働者と職務の内容も異なる短時間労働者　異なる　—		△	—	△	△	○	—

（講ずる措置）
◎…パートであることによる差別的取扱いの禁止
○…実施義務・配慮義務　△…職務の内容，成果，意欲，能力，経験などを勘案する努力義務
（資料出所）厚生労働省リーフレット

3．実施義務・配慮義務規定というのは

　実施義務規定（強行規定）とは，法令で「事業主は○○しなければならない」，あるいは「事業主は○○してはならない」と表現しているものです。事業主に対して，強制的に一定事項の実施または禁止を義務付けている法規定のことで

す。

つまり，「理由の如何を問わず，必ず実施せよ」ということです。

4．努力義務規定というのは

努力義務規定とは，法令で「事業主は〇〇するように努めなければならない」
と規定しているものです。

「事業主はできるだけ実施するように努力してください」ということであっ
て，「必ず実施せよ」ということではありません。

したがって，この努力義務規定の違反については，原則として，事業主が法
違反に問われることはありません。

5．事業主に実施義務規定を守らせるための手段は

現行パート労働法では，例えば，労働条件に関する文書の交付（パート労働
法6条1項）に違反したものは，10万円以下の過料に処せられることになって
います。

6．実施義務規定に違反した事業主に対する損害賠償請求は

パート（短時間労働者）は，実施義務規定に違反した事業主に対して損害賠
償請求の訴えを起こすことができます。

他方，努力義務規定に違反した事業主に対しては，ほとんどの場合，パート
から損害賠償請求の訴えを起こすことができません。

Ⅳ 「パートの待遇の原則（8条）」の拡大適用とは

1．ポイントは

1）現行パート労働法8条では，次の「2．」以降のことについて規定されて

います。

2）働き方改革法では，3法改正により，次の「2．」以降のことを，有期雇用労働者と派遣労働者にも拡大適用しています。

2．現行パート労働法8条の規定内容は

現行パート労働法8条は，事業主が，その雇用するパートの待遇と正社員の待遇を相違させる場合は，その待遇の相違は，

① 職務の内容（業務の内容およびその業務に伴う責任の程度），
② 当該職務の内容・配置の変更（人事異動）の範囲（人材活用の仕組み・運用等），
③ その他の事情

を考慮して，不合理と認められるものであってはならないと定めています。

3．前記2のモデルとなった労働契約法の規定は

平成24年の労契法の改正の際に，有期労働契約に関する新たなルールが設けられ，同法20条には，その労働者が有期労働契約であることを理由として，期間の定めのない労働契約（無期労働契約）で雇用されている労働者との労働条件の差異が，職務の内容，その職務の内容・配置の変更（人事異動）の範囲，その他の事情を考慮して不合理なものであってはならないことが定められました。

4．待遇とは

現行パート労働法8条でいう「待遇」とは，すべての賃金の決定，教育訓練の実施，福利厚生施設の利用のほか，休憩，休日，休暇，安全衛生，災害補償，解雇等労働時間以外のすべての待遇が含まれます。

248　第3部　平成30年パートタイム労働法・労働契約法・労働者派遣法の改正内容と実務対応

5．不合理か否かの判断のしかたは

　その待遇の差異が不合理であるか否かは，①職務の内容，②その職務の内容・配置の変更（人事異動）の範囲，③その他の事情を考慮して，個々の待遇ごとに判断されます。

　具体的には，①は業務の内容，その業務に伴う責任の程度，②は転勤，昇進を含む人事異動や本人の役割の変化の有無，範囲，③は合理的な労使の慣行等の観点から判断されます。

　例えば，次のように就業規則または労働契約書に定められていればパートと正社員とでは人事異動になる範囲が異なるので両者の待遇に相違があっても合理性があるということになります。

　パート：人事異動の範囲は，現在勤務している支店内のみとする。

　正社員：人事異動の範囲は，東京都区内の本店及びすべての支店とする。

6．現行パート労働法8条の民事的効力
──仮に，正社員との待遇の相違が不合理だと判断された場合は，どうなるのか

　職務の内容等を考慮したうえでその待遇の差異が「不合理」と判断された場合には，その待遇の差異は無効となり，不合理な待遇をされたことが「不法行為」にあたるものとして，損害賠償請求が認められる場合もあり得ます（民法709条）。

　その待遇が無効となった場合は，基本的には正社員等と同じ待遇となるものと解されます。

7．改正法8条の規定内容

　改正法8条の規定内容は次のとおりです。

（不合理な待遇の禁止）
第8条　事業主は，その雇用する短時間・有期雇用労働者の基本給，賞与その他の待遇のそれぞれについて，当該待遇に対応する通常の労働者の待遇との間において，当該短時間・有期雇用労働者及び通常の労働者の業務の内容及び当該業務に伴う責任の程度（以下「職務の内容」という。），当該職務の内容及び配置の変更の範囲その他の事情のうち，当該待遇の性質及び当該待遇を行う目的に照らして適切と認められるものを考慮して，不合理と認められる相違を設けてはならない。

（注）アンダーラインのあるのは平成30年に改正された部分

8．改正法施行後は基本的に個別判断方式によることを明確化

　注目される改正点は，何を対象として不合理な待遇を禁止するかについては，「基本給，賞与その他の待遇のそれぞれについて」と規定され，基本給や賞与だけではなくその他の待遇の「それぞれ」を1つ1つ合理性を判断することが必要となりました。また，「その他の事情のうち，当該待遇の性質及び当該待遇を行う目的に照らして適切と認められるものを考慮」することが明らかになったことです。

9．企業の留意点
──個別案件ごとに丁寧に判断していく

　このように，各企業としては，1つ1つの待遇について，その待遇がどういう性質のものか，また，どういう目的のものかを個別に判断しなければならなくなるということです。

　例えば，一定数以上出勤したことに対する報償として支給される精皆勤手当については，その対象となっている無期雇用フルタイム労働者と同一の業務に従事する有期雇用またはパートタイム労働者には，同一の支給をしなければならなくなります。それは，シフト勤務などにおいて指定された勤務日に無欠勤又は少ない欠勤で勤務することで業務の円滑な遂行に寄与することの報償とし

て支給される精皆勤手当の性質・目的に照らして，同じ業務で勤務日の指定を受け無欠勤または少欠勤で勤務した労働者には，無期雇用フルタイム労働者か短時間・有期雇用労働者かを問わず，同一の支給をすることが求められるからということになります。

(注) 上記8，9の記載内容は，労働調査会発行「労働基準広報」2018.6.1号「弁護士＆元監督官がズバリ解決！」28～29頁による。

 ## 「通常労働者（正社員等）並みパート」の差別禁止（9条）の拡大適用とは

1．ポイントは

1）現行パート労働法9条では，「通常労働者並みのパート」の差別禁止について次の2．以降のように規定されています。

2）働き方改革法では，3法の改正により，上記1）のことを有期雇用労働者と派遣労働者について拡大適用しています。

2．現行パート労働法9条の規定内容は

現行パート労働法では，通常労働者（いわゆる正社員，常用労働者等）と同視すべきパート（以下，「正社員並みパート」といいます）を，パートであることを理由として，その待遇全般について，正社員等との合理性のない差別的取扱いをすることが禁止されています（パート労働法9条）。

3．9条の「正社員並みパート」とは

「通常の労働者と同視すべきパート」については，現行パート労働法9条において，図表3－6の要件が定められています。

図表3－6の2つの要件を満たしているにもかかわらず，正社員等とパートとの間で待遇の取扱いが異なっている場合は，不合理な差別と考えられるもの

です（合理的な差異を除く）。

【図表3−6】正社員並みパート（9条）の要件

通常労働者（正社員等）と比較して，
① 職務（業務内容と責任）の程度が同一であること
② 職務の内容および配置の変更（人事異動）の範囲が，その事業所において雇用される期間の全期間を通じて同一と見込まれること（人材活用の仕組み，運用等が同一であること）

4.「職務内容が同一」であるというのは

「職務」とは，「業務の内容及びその業務に伴う責任の程度」のことです。パートと通常の労働者（正社員等）との間で職務の同一性を比較するときも，業務の内容と責任の程度に分け，職名だけで判断するのではなく，実態を見て比較します。

また，「同一」とはいっても，個々の作業まで含めて完全に一致することを求めるものではなく「実質的に同一といえるかどうか」を判断し，責任についても，「著しく異ならないかどうか」という観点から判断します。

「責任の程度」については，外見的に判断できる次のような事項を見ていくことになります。

① 授権されている権限の範囲（契約締結や売上管理等によりその者が単独で扱える金額，管理する部下の数，決裁権限の範囲など）
② 業務の成果についての役割
③ トラブル発生時や臨時・緊急時に求められる対応の程度
④ ノルマ等の成果への期待の程度

5.「人材活用の仕組み，運用等が同一」であるというのは

人材活用の仕組み，運用等については，ある労働者が，ある事業主に雇用されている間に，どのような職務経験を積むこととなっているかを見るものであり，転勤を含むいわゆる人事異動の有無や範囲，本人の役割の変化等（以下「人

事異動等」といいます）を総合判断することとなります。

正社員等とパートとの間で，人材活用の仕組み，運用等を比較する際には，人事異動等の有無だけではなく，その範囲をも比較します。

範囲については，過去の人事異動等により経験したポストだけで判断するのではなく，将来の見込みも含めて，人事異動等により就く可能性のあるポストの範囲を比較します。

また，将来の見込みについては，事業主の主観によるものではなく，文書や慣行によって制度化されているものなど客観的な事情によって判断されなければなりません。

6．すべての待遇で差別的取扱いが禁止される

差別禁止の対象となるのは，賃金の決定，教育訓練の実施，福利厚生施設の利用にとどまらず，社宅の貸与や法定以上の育児休業等の福利厚生全般を含む，すべての待遇となります。

7．同様に取り扱った結果，勤務成績等の合理的理由により差異が生じる場合はOK

現行パート労働法9条において求めているのは，正社員等と，それと同視すべきパートとの間で差別的取扱いをしないことです。したがって，所定労働時間が短いことのように通常の労働者との違いにもとづく合理的な差異，また，正社員と同様に個人の勤務の成果を評価して生じる待遇の差異については，認められます。

具体的には，正社員等の1日の所定労働時間が8時間であり，パートは7時間であり，ともに週5日勤務であるような場合であって，能力，経験等個々のパフォーマンスの評価を行わない，またはその差がない場合を仮定すると，結果として1日あたりの基本給の比が8：7になっていても，問題がないと考えられます。

また，そのような場合に，能力や成果を評価した結果として，基本給の比が

8：7とならないことが考えられます。これが，公正な評価にもとづく場合であれば，許容されるでしょう。

8．通勤手当，家族手当は同一が原則

他方，前記7．のような場合に，所定労働時間の長短にもとづく勤務の成果に関係のない，例えば，通勤手当や家族手当の支給についてまでも，パートについては正社員等の8分の7にすることは，合理性がないと考えられます。

一般に，通勤手当は実費弁償とされ，また，家族手当は，扶養家族の有無等によって決まることが多く，いずれも所定労働時間の長短によって支給額が決まるものではないと考えられるためです。

9．福利厚生，教育訓練の実施も同一に

さらに，所定労働時間の長短に関係が薄い場合が多いと考えられる，慶弔見舞金の支給などの福利厚生，教育訓練の実施については，時間比例の待遇とすることに合理性がある場合が少ないため，これらについては，正社員等と同様に利用できるようになっていることが求められると考えられます。

10．差別禁止規定の民事上の効力（損害賠償請求等）は

現行パート労働法9条（差別的取扱い禁止）の規定は強行規定です。つまり，事業主は必ず法規定を守らなければなりません。

事業主がこの規定に違反した場合には，民法の公序良俗違反及び不法行為に該当します。

したがって，該当するパートが，事業主を相手として裁判所に訴えを起こし，事業主が敗れた場合には，差別的取扱いを定めた就業規則，労働契約，差別的取扱行為などが無効となり，そのパートに対して損害賠償を支払わなければならなくなります。

254　第3部　平成30年パートタイム労働法・労働契約法・労働者派遣法の改正内容と実務対応

11．改正法9条の規定内容

改正法9条の規定内容は次のとおりです。

（通常の労働者と同視すべき短時間・有期雇用労働者に対する差別的取扱いの禁止）
第9条　事業主は，職務の内容が通常の労働者と同一の短時間・有期雇用労働者
　　（第11条第1項において「職務内容同一短時間・有期雇用労働者」という。）で
　　あって，当該事業所における慣行その他の事情からみて，当該事業主との雇用
　　関係が終了するまでの全期間において，その職務の内容及び配置が当該通常の
　　労働者の職務の内容及び配置の変更の範囲と同一の範囲で変更されることが見
　　込まれるもの（次条及び同項において「通常の労働者と同視すべき短時間・有
　　期雇用労働者」という。）については，短時間・有期雇用労働者であることを
　　理由として，基本給，賞与その他の待遇のそれぞれについて，差別的取扱いを
　　してはならない。

（注）アンダーラインのあるのは改正された部分。

Ⅵ 「通常労働者（正社員等）と職務内容同一パートとのバランスの確保（10条〜12条）」の拡大適用とは

1．ポイントは

1）現行パート労働法10条〜12条では，次の2．以降のことについて規定されています。
2）働き方改革法では，3法改正により，上記1）のことを有期雇用労働者と派遣労働者にも拡大適用しています。

2．現行パート労働法10条〜12条の規定内容は

現行パート労働法10条〜12条と同指針では，事業主に対して，職務内容同一パートの賃金の決定，及び教育訓練・福利厚生の実施について，通常の労働者（正社員等）とのバランス（均衡）のとれた取扱いをするように義務，または努

力義務を課しています。

具体的な内容は，図表3－7のとおりです。

【図表3－7】職務内容同一パートについての通常の労働者（正社員等）との
バランスの取れた取扱いの義務・努力義務の内容
（現行パート労働法10条～12条）

待　遇		求められる内容	根拠規定
賃金の決定	職務関連の賃金（基本給，賞与等）	職務の内容，成果，意欲，能力，経験等を勘案して決定【努力義務】	法第10条
	上記以外（通勤手当等）	就業の実態，正社員等との均衡を考慮して決定	指針第3の1(2)
教育訓練の実施	職務遂行に必要なもの	（一部の者を除き）実施【義務】	法第11条第1項
	上記以外	実施【努力義務】	法第11条第2項
福利厚生の実施	給食施設，更衣室，休憩室	利用機会付与の配慮【義務】	法第12条
	上記以外（慶弔休暇等）	就業の実態，正社員等との均衡を考慮した取扱い	指針第3の1(3)

Ⅶ 「パート雇入れ時の事業主の説明義務（14条）」の拡大適用とは

1．ポイントは

1）現行パートタイム労働法14条では，以下のように「パート雇入れ時の説明義務」について規定されています。

2）働き方改革法では，3法改正により，上記1）の義務を有期雇用労働者と派遣労働者についても拡大適用しています。

256　第3部　平成30年パートタイム労働法・労働契約法・労働者派遣法の改正内容と実務対応

2. 現行パート労働法14条の規定内容は

　事業主は，パートを雇い入れたときは，速やかに，図表3－8（パート労働法9条～13条）のことについて説明しなければなりません（同14条）。

　説明方法は，口頭でも文書でもかまいません。

【図表3－8】パート雇入れ時の事業主の説明義務事項（現行パート労働法14条）

① 　職務の内容や人事異動，役割が通常労働者（正社員等）と同じパートタイム労働者は，正社員等と同じ待遇にすること
② 　賃金制度はどのような点を勘案して，どのようになっているか
③ 　パートタイム労働者には，どのような教育訓練を実施しているか
④ 　パートタイム労働者は，どのような福利厚生施設を利用できるか
⑤ 　パートタイム労働者から正社員等への転換推進措置として，どのようなことを実施しているか

■著者略歴

布施　直春（ふせ　なおはる）

2016年11月3日瑞宝小綬章受賞，1944年生まれ。1962年新潟県立長岡高校卒業，同年4月同県十日町公共職業安定所に採用，1963年新潟県庁職業安定課に転勤，1965年，国家公務員上級職（行政甲）試験に独学で合格。1966年労働本省（現在の厚生労働本省）に採用。その後，勤務のかたわら新潟大学商業短期大学部，明治大学法学部（いずれも夜間部）を卒業。元長野・沖縄労働基準局長。身体障害者雇用促進協会（現独立行政法人高齢・障害・求職者雇用支援機構）開発相談部研究開発課長兼身体障害者自立支援センター所長，中央労働委員会事務局審査官，熊本県職業安定課長。〔前〕港湾労災防止協会常務理事，新潟大学経済学部修士課程非常勤講師，葛西社会福祉専門学校非常勤講師（障害者福祉論，社会福祉論，公的扶助論，法学ほか）。清水建設㈱本社常勤顧問。関東学園大学非常勤講師（労働法，公務員法）。〔現在〕羽田タートルサービス㈱本社審議役，一般財団法人清心内海塾（青少年，障害者等支援事業）理事・事務局長補佐，社会福祉法人相思会（障害児施設）理事，労務コンサルタント，著述業ほか。

労働法，社会保障法，人事労務管理に関する著書135冊。主な著書に『Q&A 退職・解雇・雇止めの実務―知っておきたいトラブル回避法―』『Q&A 改正派遣法と適法で効果的な業務委託・請負の進め方―従業員雇用・派遣社員をやめて委託・請負にしよう！』『モメナイ就業規則・労使協定はこう作れ！―改正高年法・労働契約法完全対応―』『その割増賃金必要ですか？―誰でもわかる労働時間管理のツボ』『臨検なんか怖くない！労基署対応と適法な労務管理』『これで解決！労働条件変更のススメ』『均等法と育児・介護休業法で会社は変わる！』『会社は合同労組をあなどるな！』『障害者雇用の新しい進め方』（以上労働調査会），『平成27年改正 Q&A 労働者派遣の実務』（セルバ出版），『改訂新版わかる！使える！労働基準法』（類書を含め累計20万部超）『武器としての労働基準法』（以上，PHPビジネス新書），『労働法実務全書』（約900頁の労働法令実務事典）『外国人就労者の入国手続・労務管理』『詳解平成27年改正労働者派遣法』『Q&A 発達障害・精神疾患・ハラスメントの労務対応』（以上，中央経済社），『改訂版労基署対応の実務』『企業の精神疾患社員への対応実務』『平成27年改正労働法対応雇用多様化時代の労務管理―どのマンパワーをどう組み合わせて使うか』（産労総合研究所出版部　経営書院）などがある。

詳解　働き方改革法の実務対応

時間外労働・割増賃金・年休・非正規社員待遇等の改正

2018年 8 月10日　　第 1 版第 1 刷発行
2018年11月30日　　第 1 版第 3 刷発行

著　者	布　施　直　春
発行者	山　本　　　継
発行所	㈱中　央　経　済　社
発売元	㈱中央経済グループ パブリッシング

〒101-0051　東京都千代田区神田神保町1-31-2
電話 03（3293）3371（編集代表）
03（3293）3381（営業代表）
http://www.chuokeizai.co.jp/
印刷／㈱堀内印刷所
製本／㈲井上製本所

© 2018
Printed in Japan

※頁の「欠落」や「順序違い」などがありましたらお取り替えいた
しますので発売元までご送付ください。（送料小社負担）
ISBN 978-4-502-19341-5　C3032

JCOPY 〈出版者著作権管理機構委託出版物〉本書を無断で複写複製（コピー）することは，
著作権法上の例外を除き，禁じられています。本書をコピーされる場合は事前に出版者著
作権管理機構（JCOPY）の許諾を受けてください。
　JCOPY 〈http://www.jcopy.or.jp　eメール：info@jcopy.or.jp　電話：03-3513-6969〉

おすすめします

Q&A 発達障害・うつ・ハラスメントの労務対応

布施 直春 [著]

　アスペルガー症候群やうつ病などを抱える従業員への対応と職場のハラスメント防止措置を解説し、採用時、精神疾患発症時、休職発令、復職、退職・解雇の具体的な労務を紹介。

A5判/308頁
ISBN：978-4-502-24981-5

◆本書の内容

第1部　発達障害・精神疾患の種類、症状、職場における配慮ポイントなど
　第1章　発達障害
　第2章　精神疾患（障害）

第2部　セクハラ・パワハラ・マタハラ・パタハラの防止措置と発生時の対応
　第1章　セクハラ
　第2章　パワハラ
　第3章　マタハラ・パタハラ

第3部　メンタル不調者に配慮した労務管理①
　第1章　一般従業員採用選考時の対応
　第2章　過重労働防止対策
　第3章　ストレスチェック制度の活用
　第4章　従業員の精神疾患発症時、またはその疑いがある時の対応

第4部　メンタル不調者に配慮した労務管理②
　第1章　私傷病休職の発令
　第2章　私傷病休職中の取扱い
　第3章　精神疾患による休職者の職場復帰
　第4章　精神疾患従業員の退職・解雇

第5部　従業員が精神障害を発病した場合の労災保険の取扱い
　第1章　精神障害（疾病）についての労災（業務災害）の新認定基準
　第2章　労災補償給付の内容、請求手続等
　第3章　セクハラ・パワハラなど業務上の事由で発病した精神障害についての労災補償給付